慢享时光

［英］**凯瑟琳·布莱思** ◎ 著　　**梁金柱** ◎ 译
（Catherine Blyth）

ENJOY TIME

Stop rushing. Get more done

中国科学技术出版社

·北　京·

Enjoy Time: Stop rushing. Get more done. by Catherine Blyth/ISBN:978-1-78131-800-3.
Copyright©2018 Quarto Publishing plc. Text ©2018 Catherine Blyth.
First published in 2018 by White Lion Publishing, an imprint of The Quarto Group.
Simplified Chinese translation copyright 2022 by China Science and Technology Press Co.,Ltd.

北京市版权局著作权合同登记　图字：01-2022-3422。

图书在版编目（CIP）数据

慢享时光 /（英）凯瑟琳·布莱思著；梁金柱译 . —北
京：中国科学技术出版社，2022.8
　书名原文：Enjoy Time: Stop rushing. Get more done
　ISBN 978-7-5046-9633-5

Ⅰ . ①慢… Ⅱ . ①凯… ②梁… Ⅲ . ①时间—管理—
通俗读物 Ⅳ . ① C935-49

中国版本图书馆 CIP 数据核字（2022）第 094341 号

策划编辑	赵　嵘
责任编辑	申永刚
版式设计	蚂蚁设计
封面设计	创研设
责任校对	张晓莉
责任印制	李晓霖

出　　版	中国科学技术出版社
发　　行	中国科学技术出版社有限公司发行部
地　　址	北京市海淀区中关村南大街 16 号
邮　　编	100081
发行电话	010-62173865
传　　真	010-62173081
网　　址	http://www.cspbooks.com.cn

开　　本	710mm×1 000mm　1/16
字　　数	144 千字
印　　张	9
版　　次	2022 年 8 月第 1 版
印　　次	2022 年 8 月第 1 次印刷
印　　刷	北京华联印刷有限公司
书　　号	ISBN 978-7-5046-9633-5 / C·202
定　　价	59.00 元

（凡购买本社图书，如有缺页、倒页、脱页者，本社发行部负责调换）

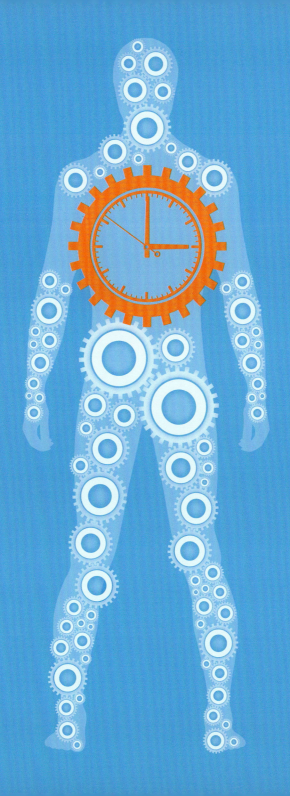

阅读指南

本书分为5个章节，共20节课，涵盖了时间给人们带来的主要挑战以及管理时间的方法。

慢享时光

每节课介绍了一个重要的概念。

慢享时光

解释如何将学到的东西应用到日常生活中。

在阅读本书的过程中，工具包能帮助你记录已学内容。

特别策划的"参考阅读"模块为你提供正确的指引，帮助你了解那些最能吸引你想象力的东西。

慢享时光

通过阅读本书，你既可以获得知识，也可以规划人生方向。你可以用自己喜欢的方式阅读本书，或循序渐进，或跳跃性阅读。请开启你的阅读思考之旅吧。

目　录

引 言

你是不是觉得享受时间这个建议很傻？这有悖于我们的认知。通常，时间之于人像是一种商品（永远不够用），它或像一个恶人（总是欺人太甚），或像一个不体贴的伴侣（总是在你最需要的时候消失不见）。人们需要挤时间、省时间，但如果偶得空闲，又总要想方设法打发时间。

时间又像是一艘船，满载着事件和活动，被无休无止、全天候的待办事项推动着前进。事实上，许多人都在忙着追赶时间，努力加快进度来完成纷至沓来的任务，以至于享受时间，将时间看成一种感性的、欣快的、可以沉浸其中慢慢品味的东西的想法听起来都令人焦虑，就像是往那些待办事项中又增添了一项任务。

难道我们不应该享受时间吗？毕竟，这才是生活的本质所在。而且理论上我们比以往有更多的时间可以挥霍。医学和营养学的进步意味着当下的我们比以往的人类都要长寿，科技也彻底改变了我们习以为常的平凡生活，使其更有质感且有更多的可能性。只要有电，一部智能手机可以扫除所有空间和时间的阻碍，让每分每秒都迸发出奇迹。我们可以随时随地进行无数复杂的操作，比如瞬间将想法、渴望传递出去，或者实时转账。不论是友情还是爱情，新闻资讯还是美食发现，音乐创作还是科学进步，粉丝团体还是商业帝国，一切都在网络上飞快地涌现。更棒的是，甚至都不必下床，不用出门，我们就可以享受到这一切。

不仅如此，在其他更多的方面，人与时间的关系都已经被彻底地改变了。然而，这种改变也正是人们变得更难以享受时间的原因。

换个角度来看，正是这些日常体验的快速变化所造成的影响，使得我们身陷围城之中。令人眼花缭乱的选择所带来的各种干扰、机会和责任急剧增加，我们的注意力、欲望，我们的工作时间被其狂轰滥炸，变得支离破碎、面目全非。这种快速变化使我们措手不及，无法承受并减轻所受的影响。因此，不论你如何努力地精简待办事项，事情反而越来越多。更糟糕的是，选择越多，遗憾便越多，因为每件你不打算做的事情都有可能让你后悔不已，总是疑心自己可能错过什么。

也许你觉得自己摆脱了过去的桎梏。但是，毫无节制的自由也代价不菲。通信技术使得工作和家庭、公众和私人之间的界限荡然无存，因此守住属于自己的时间就成了一项耗时的挑战。

享受时间的另一个困难之处在于时间本身虚无缥缈，你越想得到，就越难以把握。时间尝不到，闻不到，也抓不到。时间是一种管理工具，还是一种宇宙中的存在? 是一根用来自我敲打的棍子，还是一项智能技术? 它是否能够让混乱变得有序，让生活不止于眼前的苟且?

我认为时间不仅是上述的一切，甚至还意味着更多——它不亚于人类有史以来任何伟大的发明。但在实际的、日常的层面上，时间有两层含义：一是可测量的生命的维度，二是像指南针一样的装置。时间像指

我们每个人都是一台时间机器。我们可以记住过去，认识现在，还可以展望未来。因此，我们应该将人生视为一段旅程。

南针一样帮助人们在生命的维度上导航，确定个人的方向，与他人协调，并规划自己未来的每个阶段。

我们每个人都是一台时间机器。作为万物之灵长，人类是独一无二的。我们可以记住过去，认识现在，还可以提前思考不远的和遥远的将来。因此，我们把人生看作一段旅程，有方向，有目的地。我们有能力改变枯燥的日常生活。当我们思考自己是谁时，得到的答案就是：我们是生命中所有时间的总和。这是时间赠予我们最好的礼物。这也是为什么享受时间不是一个简单的问题，不是为了提高生产力，也不是一种逃避压力的方法。

所以，不要做时间的仆人。要让时间成为我们人生旅途中的朋友。

时间不
而是你

是金钱，
的生命。

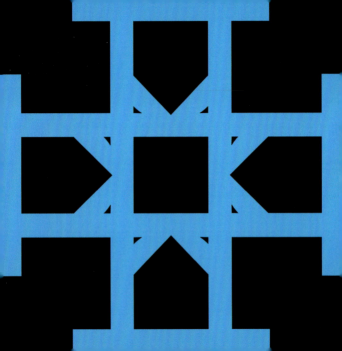

第1章

活在忙碌的世界里

第1课　越快，越富有，越没时间
为什么越来越快的生活会导致时间的价值被低估？

第2课　我没有时间
为什么忙碌会让人心神不宁？

第3课　时间压力如何限制了人们的想象力
有史以来最好和最糟的营销工具。

第4课　全天候的社会时差
你对自己的生物钟做了什么？

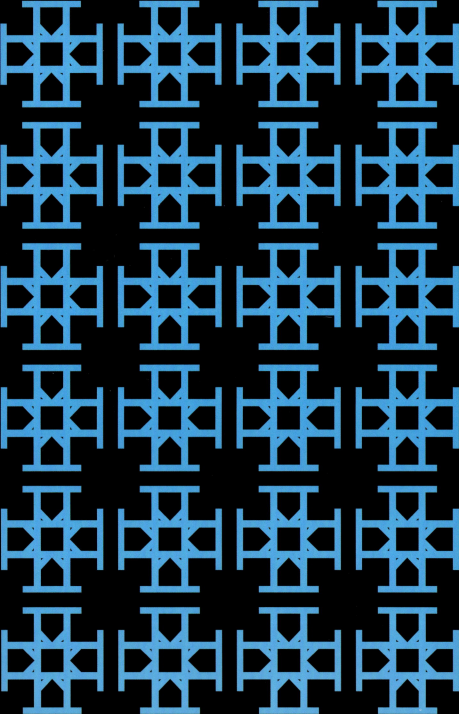

由于技术的发展，我们与时间的关系已经发生了深刻的变化。随着时间的线性及不可逆性被即时性和同步性取代，我们的能力和社会属性也随之而改变。

历史告诉我们，时间具有改变生活的非凡力量。在过去的两千年里，计时方法的创新一直是发展的助推器，推动了社会变革。钟表变得越发精确和复杂，人类也变得越发一丝不苟和机敏。比如约翰·哈里森（John Harrison）发明的航海天文钟，它在颠簸的船上也能保持足够的稳定，使领航员在横跨大洋时能够准确测量出经度，因此，新的贸易路线得以开辟，人类文明得以发展。到了20世纪，腕表将时间精确到了分和秒，使得每个人都能够更精细地管理自己的时间。

尽管人类拥有巨大的潜力，可以最大限度地享受宝贵的时间所带来的快乐和成果，但实际上人们并不总是能感受到这一点。在今天的智能工厂里，可穿戴技术[①]可以监控工人们的一举一动，甚至连上厕所也会被计时。而随时响个不停的智能手机出现后，一切改变了。表面上人们手中握着的是无限的机会，但实际上，被打扰才是常态。人们的注意力很容易被干扰，时间也不再属于自己。

本章将探讨为什么我们生活在一个忙碌的世界里。就像快餐文化导致肥胖，使体重超标一样，理论上，我们所追求的快节奏的文化和技术能解放出更多的时间，但实际上，这也导致我们把时间安排得过满，疲于奔命。遗憾的是，那些所谓的高科技的设备，无法将一天的时间延长哪怕一秒钟。所以，我们更需要关注的是时间的质量。

---

① 可穿戴技术是智能电子设备（带有微控制器和电子设备），可穿戴在皮肤表面，可检测、分析和传输与生命体征等身体信号和／或环境数据有关的信息，并且在某些情况下可以立即将信息反馈给穿戴者。——编者注

第1课　越快，越富有，越没时间

当我们在谈论生活节奏时我们在谈论什么?

20世纪90年代一位惜时如金的社会学家罗伯特·莱文(Robert Levine)，在结束巴西的休假回到美国后，发誓要以全新的方式来对待时间。以前，作为一名有雄心壮志的学者，他的时间都被安排得满满的，生活忙碌不堪。现在，他准备向南美洲人民学习，学会在答应他人做一件事之前，问问自己内心的真实意愿。

他的新习惯坚持得很好，而且令人惊讶的是，自己内心的答案往往是肯定的。尽管他的工作日程仍然很满，但有如魔法般神奇，他感到更自由了。对时间安排的精心设计让他找到了自己的节奏。

受此鼓舞，1999年，莱文对31个国家的城市或城镇的生活节奏进行了研究。他发现走路的速度是一个相当可靠的指标，不仅能反映一个地方人们的生活节奏，还能反映出当地的经济、人口规模和气候情况。在人民越富裕、气候越寒冷、规模越大的地方，人们走路的速度越快，比如在伦敦这个经济发达的城市，路上的行人是全世界走得最快的。进一步的分析表明，快速的经济变化、汽车数量增加，通信技术和个人主义文化的快速发展都会加快社会节奏。

在人口稠密的地方，时间似乎更快，因为当有很多事情要做时，这种感觉上的冲击会使每一分钟都显得更加充实和快速。在汽车的喇叭声、脚步的踢踏声的催促下，时间本身仿佛也在嗖嗖地消逝。面对城市生活这头怪兽，人们除了拼命奔跑，还能做什么?

如果你对此还有所怀疑，那么请将目光投向2009年。当时一项与莱文的研究类似的研究发现，全球平均步行速度在十年内上升了10%，新加坡位居榜首(上升30%)。新加坡不是最富有的城市，但却在"快车道"上一路狂飙，超过了伦敦，因为它更快的经济发展速度增加了工人要提高生产力的压力。这就是为什么快速增长的经济体中的人民看似幸福，享受了发展带来的红利，而在另一种意义上这也是一种不幸，因为他们的休息时间是最少的[根据2011年出版的涵盖了23个国家的《欧洲社会调查》(European Social Survey)]。

你可能会以为，更努力地工作，加快速度，可以解放出额外的时间来做自己想做的事。但事实恰恰相反：越有钱的人，越难有休息时间来犒劳自己。为什么呢?

因为对于有钱的人来说，一个小时并非是可有可无的时间，利用好它可以赚更多的钱。

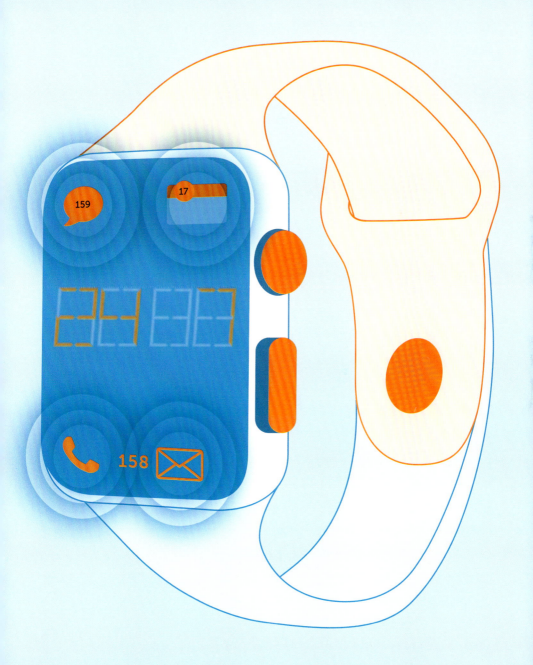

这是由外部因素造成的。雇主的要求会随着工资的上涨而提高。更重要的是，在经济繁荣的情况下，工资的增长和大量的加班使人们很难把时间花在那些看似无用又没有报酬的活动上。事实上，研究发现，如果一个人时时惦记着自己每小时的收入，那么通过听音乐来放松的能力就会大大降低。这同时也解释了为什么富裕国家的压力水平和心脏疾病发病率是最高的。

既然如此，人们如何才能摆脱忙碌的陷阱呢？

重估时间的价值

如同跑轮上的仓鼠难以抽身一般，人们很难摆脱俗事纠缠。由于低估了闲暇时间的价值，人们的目光往往只盯着工作时间。但请认真思考一下为换取报酬而付出的时间真正意味着什么。时间不是金钱，时间是生命，是衡量生命的唯一度量。时间也不可转让给他人，为何要让其白白流逝呢？只要人们能重新认识"紧急"和"必要"二者的含义，停下追赶时间的脚步，便可以拥有大把的时间并且变得十分高效。

令人不解的是在生活节奏快的国家，人们主观上的幸福感更强烈。换句话说，人们在觉得更幸福的同时其实是在追求一种对自身健康有害的生活方式。这也是医生们普遍

就如同人们可以毫不费力地吞咽下没有营养的垃圾食品一般，你的生活是否也充斥着各种转瞬即逝的垃圾时间，少有值得回忆的片段？现在是时候用对待营养和健康的方式来思考一下时间管理的问题了。保持健康需要营养均衡的膳食，而收获幸福需要均衡安排时间：人们需要休息、陪伴家人、快速搞定无聊的事务、放

认为对健康最大的一种危害，即不可预见的、不可控的压力——这种生活的压力会让人觉得时间仿佛不是自己能支配的。

为什么紧张忙碌的时间反而会让人觉得更快乐呢？不论是一份让人能够全情投入、尽情玩乐的工作还是坐大起大落的过山车，速度感都掩盖了无聊，虽然令人快乐，但必会日久生厌。要想做到充分利用自己的时间，并且事业有成，人们需要承认这样一个事实，即有些享乐纯属"过把瘾就完"，而人类在这件事上的判断力真的是出奇的糟糕。因此，想有所成就，让自己的时间更有价值，我们就必须学会分清轻重缓急。

- 如果你还没有充分意识到时间的价值，不妨将其用一种你认为重要的货币来定价，每一次选择都需要权衡收益。如果你不懂如何取舍，那就养成一种新习惯：停下来想想你要拒绝的是什么？是一晚安眠？还是与爱人的相处？这些都是你的机会成本。那么，你觉得什么最重要呢？
- 更加重视无报酬活动的价值。这些活动能如何激发你的斗志？你是否需要参与更多类似的活动呢？
- 放慢节奏。时间变得紧迫的时候，提醒自己注意调整节奏。暂时放下正在做的事情，出去散会步、喝杯水、凝望风景、伸伸懒腰……等你精神焕发，重新投入工作时，结果会远超你的预期。

慢节奏去放松或者专注于重要事务。

的确，如果你的日子过得忙碌不堪，那么晚上看看电视也算得上是放松。但是，我们应该将放松也视作一项活动，只有当你全身心参与其中时，才能有效放松。你可以做点儿美食（哪怕只是小吃），运动一会儿或者做点儿手工活，例如织毛衣，但一定要给这样的活动安排出时间。

第2课　我没有时间

"忙啊。"

不知从什么时候开始，这成了我对"你好吗？"这个问题的默认回答。但我一直认为这对生活来说是个糟糕的借口。

"忙"这个字就像一面盾牌，它提醒别人别对我们抱太高期望，而且它模糊了我们面对生活时的选择和责任。这似乎很方便，借此我们可以理直气壮地逃避一些事情，回避一些尴尬的问题，比如反思自己过得好不好。

听听朋友和同事的倾诉，你就会发现忙碌这种痛苦正在蔓延。人们把"忙碌"作为高效的同义词，把没有时间作为一种荣誉来炫耀。社会强化了这些观念，又高调宣传"私人时间"这样的概念，因为拥有私人时间非常难得。人们必须顽强地战斗才能从生活中见缝插针地挤出一点私人时间。这让人们变得更加自负，甚至使这种想法正常化，即除了这少得可怜的私人时间，我们的生活并不属于我们自己。

没时间真的算得上是成功人士的标志吗？富人们往往以此为傲，但对我们大多数人来说，经济和社会的需求让我们别无选择。事实上，越细想这个问题，就越会发现时间的匮乏和经济上的贫困一样，给人带来一种无力感。

人们的忙碌有多少是源于真正的生产效率，有多少是一种错觉，抑或是对低效率的一种掩饰？

奇怪的是，尽管每个人都认同时间的宝贵，但如果分析一下我们是如何花费时间的，结果却令人震惊。人们往往轻易地就把时间浪费掉了。根据2013年美国的时间使用调查，工人平均一天拥有4个半小时的休闲时间。这结果明显有问题，对吗？没有人会有那么多属于自己的时间。

但是其他统计数据说明了为什么人们没有注意到这些时间的流逝。根据英国通信管理局（Ofcom）的数据，2014年，英国成年人平均每天花4个小时的时间看电视。同年，美国公民平均每天花6个小时看电视，1个小时用电脑，1个小时用智能手机，另外用3个多小时听广播。这些活动中的几项往往会同时进行，所以总共花了8小时41分钟在电子设备上，这比睡觉的时间还要多20分钟。换句话说，他们超过一半的清醒时间花在了二手的、媒介化的体验上，这些体验比起调动了所有生理感官的身体体验，必然更没有回忆价值，也更没有真实感。例如，上一个小时的网，你几乎察觉不到时间的流逝，尽管你在信息刺激下大脑一直在不

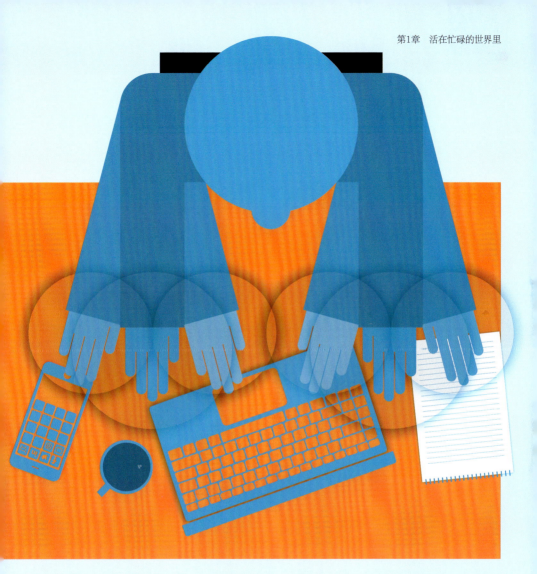

停运转。

当然，在数字革命时代，2014年就如同侏罗纪时代一般久远。如今，智能手机像第六感一样串联着我们的生活，所以上述数字极有可能低估了今天人们被手机干扰的现实。

不难看出，生活结构正在改变。不太容易被察觉的是，随着人们时间感的变化，人们的行为也在改变。

一项针对1500名荷兰人进行的研究发现，那些经常赶时间的人认为时间过得更快。但是，当感觉时间不够用时，我们的本能反应是再加快速度，于是我们感觉自己更忙了，时间似乎走得更快了。而且，当我们试图和时间赛跑时，有可能会忙中出错。这就是忙碌为何会成为一种常态化的感觉，并且经常造成混乱。

让忙碌变得有意义

那么，如何改善这种情况呢？忙碌很少能提高产出的质量或带来快乐，但哲学家拉斯·斯文森（Lars Svendsen）是一个对忙碌持怀疑态度的人。他怀疑人们迷恋忙碌的假象，以转移对更令人不安的情绪的注意力。他在《无聊的哲学》（*A Philosophy of Boredom*）中写道："我们中最不安分的人正是那些无聊阈值最低的人。我们几乎完全没有休息时间，在接踵而至的事情中间东奔西走，这是因为我们无法应对'空虚'的时间。讽刺的是，当我们回过头来看时，这种被安排得满满的时间往往才空洞得令人害怕。"

这些描述的确让人心生畏惧。但当你建立起对时间的主人翁意识时，恐惧就会消退。

- 除非能保证任务质量，否则提前规划的时间安排是无效的。因此，必须排除干扰：清理干净桌面，电话调为静音，关上门以防打扰。
- 当有新的事项吸引你的注意力时，要保持警醒：谁说现在就必须要处理它？
- 忙碌的感觉容易让人产生有所成就的错觉。因此，要审视自己因何而忙。其中有多少是为了真正有意义的事情？有多少是源于超负荷工作带给你的心神激荡的感觉？时刻警惕这种感觉，下次它再出现时，要确定其原因。将那些让你倍感压力的事情记录下来，这会起到平复情绪的作用，你甚至可能发现自己并不像感觉的那样忙。
- 你是否会用忙碌作为拒绝他人的理由？练习礼貌但坚定地拒绝，明确的否定回答的力量能给你带来美妙的自由感。
- 如果你经常把你的日程安排得满满的，是否是因为害怕感到无聊？忙碌是否是你用于掩饰空虚的伪装？列出所有你正在忙的事情，然后挑出你觉得最有成就感的活动。你是不是应该多做这些事，少做其他事？

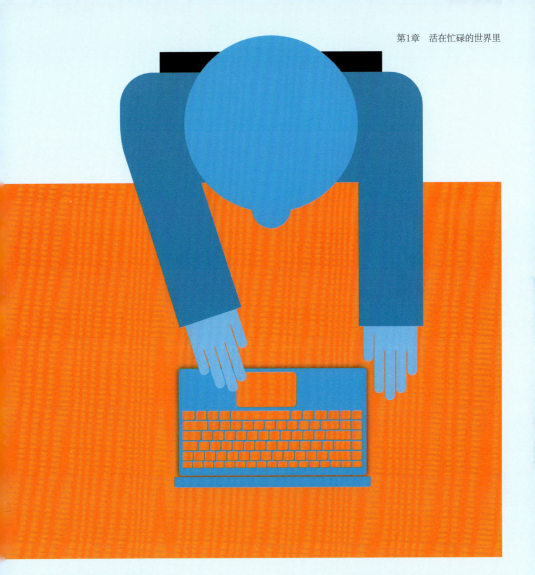

忙碌当中最糟糕的那种就是被接连不断的任务所驱赶，就像森林火灾中的松鼠，从一棵燃烧着的树上跳到另一棵燃烧着的树上。当人们为接下来必须要做什么而苦恼时，就会失去对现在的把握，减少工作的乐趣并且表现不佳。不要只是精简自己的日程安排，要慷慨地规划一天中的过渡时间。这些零碎时间能让你的大脑得以喘息。

安排好一渡时间。时间能让得以喘息。

天中的过

这些零碎

你的大脑

第3课　时间压力如何限制了人们的想象力

"七折甩卖，仅限今天，最后三件！"

如果不是电子邮箱里面那封自动弹出的广告电子邮件，你都不知道自己那么想买一台手持式、镀金的三缸吹落叶机，机器还附带玳瑁包边和私人定制的雕刻。

但是，你一想到吹落叶机可以把腐烂的落叶清扫得一干二净的情形，哪能忍住不买呢？咬咬牙，你点击了贝宝（PayPal）的图标……

"现货优惠，售完为止！"这是一个强大的销售策略，它利用了人们的欲望，采用了最古老的游说方法：时间压力。

《影响力》（Influence）一书的作者罗伯特·西奥迪尼（Robert Cialdini）教授这样解释："简单地说，越是得不到的东西，人们想得到它的欲望就越强烈。"出于这个原因，政治界和零售界的合规从业人员经常通过营造供应短缺和购买机会有限的方式，增强他们所兜售的东西的市场吸引力。

时间的压力是如何将平平无奇的对象变得魅力十足的？通过让你相信时间很短来影响你的情绪，让一次普通的消费选择具有了虚假的紧迫感，让消费活动突然就演变成了一出戏剧，而你成为剧中的主角。深谙人性的营销人员希望看到，消费者觉得

自己和电影《夺宝奇兵》中的印第安纳·琼斯（Indiana Jones）一样，眼看着那扇门在隧道的入口处关上，要将你和你的幸运帽（吹落叶机）永远分开。你怎么能不伸出手去抓住它呢？

由于时间本身是有限的，合乎逻辑的做法是更谨慎地使用它。事实证明，时间压力让我们很少能做出更好的判断。相反，如前文所说，它常常导致我们的行为不那么理性。

当感到仓促时，我们会购买让自己后悔的东西或干出一些愚蠢的事情，原因是我们被一种稀缺心态所左右，沉浸于压力之中。哈佛大学经济学教授塞德希尔·穆来纳森（Sendhil Mullainathan）和普林斯顿大学心理学教授艾尔德·沙菲尔（Eldar Shafir）在他们的著作《稀缺：我们是如何陷入贫穷与忙碌的》（Scarcity）中，探讨了贫穷和忙碌的问题，说明了稀缺心态等同于认知上的贫困。任何形式的匮乏都有同样的效果：无论人们缺少的是什么——饼干、现金、酒店泳池边的躺椅——其造成的压力都会"迷惑心灵"，收取认知上的"智商税"。例如，一项研究要求手头不宽裕的人盘算如何支付一笔虚构的1500美元的汽车维修费。研究对象

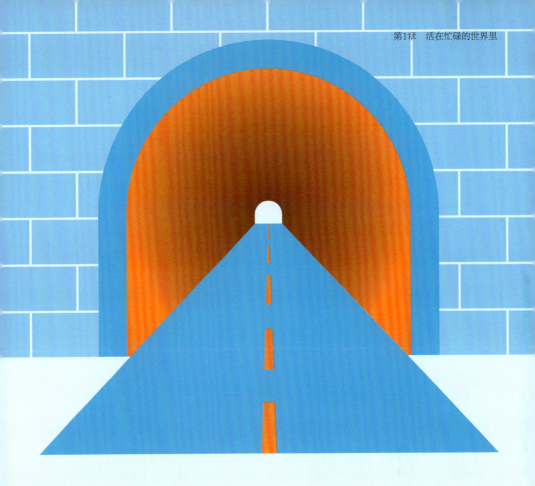

们在随后的智商测试中的成绩骤降了13～14分，这相当于一整晚不睡觉造成的精神损害。而同样的实验显示较富裕的人则不会受到这种损害。

匮乏使人容易冲动行事，考虑不到长远利益。持续的匮乏长远来看会损害人的思维能力。神经学研究显示，持续的压力会损害大脑中负责为实现目标而进行决策和行动的区域。

更糟糕的是，压力强化了大脑负责习惯形成的部分。这是因为当人们感到负担过重时，人体就会释放多巴胺、肾上腺素、去甲肾上腺素，这些神经递质会诱发冲动、成瘾的行为。

行为心理学家沃尔特·米歇尔（Walter Mischel）是一位研究自控力的专家。他写道："因此，压力会让大脑中负责创造性解决问题的部分在我们越需要它的时候就越不听使唤。"

在某些情况下，时间压力也能发挥一些积极作用。老话说"如果你想找人做事，那就找一个忙着的人吧"，是有几分道理的。在严格的截止日期面前，人的知识视野会变窄，人会进入心理学家所说的"认知隧道"，注意力会变得高度集中，就像印第安纳·琼斯一样，只关注绝对必要的事情，工作未完成之前就绝不休息。

这样做的缺点是，在"认知隧道"内，人的视野会变窄：正如穆来纳森和沙菲尔所说的，人会变得"缺乏洞察力和前瞻性，还会减弱我们的执行控制力"。从神经学的角度来看，此时的人处于"非战即逃"的状态，在这种状态下，人会倾向于抓住最近的、看起来像是能解决问题的答案。

让时间压力为你所用

也许你从来没有在仓促中买过比一卷卫生纸更贵的东西。即便如此，你也无法忽视时间压力所带来的恶劣影响。由于各种干扰以及电子商务的无孔不入，人们被频繁接收到的各种提示信息撩拨着神经——时间不多了——而注意力的中断会使本已不多的时间变得更加紧张。

长期习惯性地感觉时间不足，代价可能很高。2008年的一项调查发现，在被认定为"忙碌"的受访者中，只有6%的人减少了工作，而57%的人减少了兴趣爱好，30%的人减少了家庭时间。人们选择减少的恰恰是那些不可替代的东西，它们能让人们恢复活力，感到充实。

如果时间是稀缺的，那么人们就有责任了解如何使用它，并克服这种稀缺心态。

合理利用时间压力如最后期限，可以有效提高工作效率。如果调整得好，就会形成可预测的、可控制的压力，这种压力对人的心脏有好处。所以控制好压力，制定合理的小目标来安排你的一天。注意节奏变化，特别是下午的时候，因为这一时间段人对时间的感知会加快，注意力会减弱。关注时间压力在什么时候发挥作用，在什么时候超出承受范围，说不定这样做后你会开始喜欢时间带来的压力。综上，训练自己对时间压力的耐受度，让自己更耐压，这样别人就更难把你逼进"认知隧道"。

2008年的一项调查发现，在被认定为"忙碌"的受访者中，只有6％的人减少了工作，而57％的人减少了兴趣爱好，30％的人减少了家庭时间。

· 在放松的状态下规划你的日程，在没有压力的状态下才会做出更好的选择。

· 记录你在爱好、家庭、朋友与工作等方面所投入的时间。通常一周内什么时候会面临困难的抉择？找一个没有压力的时间，也许在周末，评估这些让你感到为难的选择。如果累积的模式让你焦虑，不妨做个实验。试试看坚持一周准时下班，或花更多时间和家人共进早餐，会发生什么？你的效率是提高还是降低了？

· 对人为因素造成的时间压力保持警惕：为什么会有最后期限？这样做方便了谁？确实有必要吗？如果某个商家的折扣码在晚上12点过期，那么他们下周通过电子邮件发送新的折扣码的可能性有多大？

· 创造一个环境，让你更容易意识到自己已经进入了"认知隧道"。记录注意力分散或花在处理紧急事件上的时间。有多少次注意力分散是由于不必要的匆忙，使得你在不恰当的时间过度专注于并不那么重要的事情？

第4课　全天候的社会时差

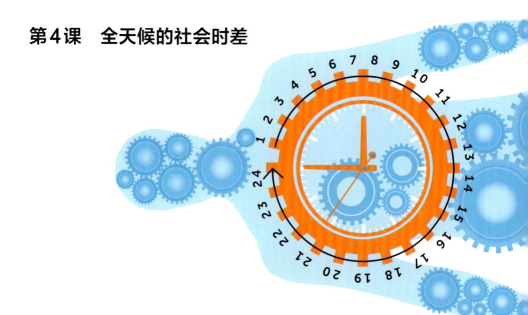

经济学家们为一周7天，每天24个小时的生活所创造的财富而欢欣鼓舞。但这种生活能让你致富吗？

正如新生儿所表现出来的一样，要想适应一个稳定的日常节奏，与周围的世界保持同步合拍，需要花上好长一段时间。如果这个节奏被打乱，人就会感觉很糟糕。而且，日渐增多的失眠者人数表明了要重新调整、适应节奏有多困难。这件事之所以会越来越难，是因为我们生活原有的时间结构正在被打破。过去，午休时间、办公时间和电视节目表定下了我们生活的步调，让整个社会拥有一致的节奏。后来，智能手机、电视

盒子和24小时快餐店出现了，诱使人们通宵达旦地工作和娱乐。

如何适应这一切？遗憾的是，尽管科技催生了全天候的生活方式，但至少在生理上，人类的新陈代谢仍然和石器时代差不多。这是因为人类经过了几十万年的进化，依然受到生活环境的影响，被因地球自转形成的24个小时周期所限制。如今，很少有人再"日出而作，日落而息"，这使人类的生理机能与文化相抵牾，最终的结果便是形成社会时差[①]，这对人类的生物钟而言可不是什么好事。

生物钟十分复杂。生物钟学家专门研究

[①]　社会时差是指因为现代生活方式与人类进化形成的生物钟发生冲突而造成的时间不匹配现象。——编者注

这一科学分支。他们的任务是搞清楚人类的生理节律是如何与复杂的新陈代谢相互作用的，从而保证人体的健康。

2017年，杰弗里·C.霍尔（Jeffrey C. Hall）、迈克尔·罗斯巴什（Michael Rosbash）和迈克尔·W.杨（Michael W. Young）因发现了控制昼夜节律（circadian 来自拉丁文 caradiem，"cara"意为"大约"，"diem"意为"一天"）的分子机制而获得诺贝尔奖。人们希望他们的发现能被用于治疗由于现代生活方式与生理节奏之间的长期错位所造成的严重损伤。

要在脑海里勾勒出生物钟的样子，可以想象一下许多互相咬合的齿轮。每个齿轮代表一个不同的周期，从28天的月经周期，到构成整晚睡眠的90~120分钟的睡眠周期，这些周期组成了人体重要器官修复和工作的时间表，其中尤其重要的是人的昼夜节律。最容易感受到的周期包括睡眠周期、饥饿阶段以及早餐后让你冲向厕所的肠道蠕动。然而，那些更不易被察觉的周期也同样重要，如血压、体温的变化，激素和酶的生成。人的免疫系统在某些时间段功能会更强，因此，服药的时间会影响其疗效（对老人来说中午之前服药是最好的）。

体内平衡是指机体保持体内环境相对稳定的倾向和机制。但如果某一个"齿轮"转得太快或太慢，人体的整个系统都会受到影响。

长时间的工作或是牺牲自己的睡眠都会

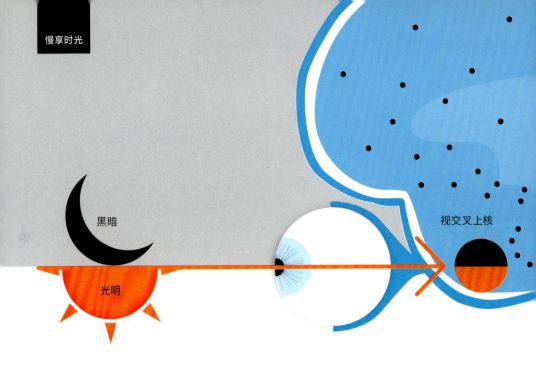

黑暗

光明

视交叉上核

导致"齿轮"受损。人们会为自己的勤奋而扬扬自得，却意识不到生理节奏被打乱所累积的后果。令人毛骨悚然的数据显示，倒班工人和航空机组人员患心血管疾病的可能性要比普通人高40%。其他风险还包括癌症、糖尿病、肥胖、记忆力减退、胃肠道疾病和大脑过早老化。

恢复你的节奏

别惦记着医学治疗了。按照自己自然的生理节奏生活才是通往健康的捷径。如果你的生物钟失调了，可以通过合理地安排自己的睡眠时间、光照时间和饮食将这些"齿轮"恢复到最佳状态。

1. 睡眠周期

正如诺贝尔奖获得者所发现的那样，人体内存在许多"次要时钟"，它们由基因、分子和细胞控制。但有一个主时钟负责协调它们：视交叉上核（SCN），它位于人的视交叉上方，由大约20000个神经元组成。光线是它的开关。当夜晚来临时，人的视交叉上核会刺激大脑产生各种化学物质，如血清素，为睡眠做准备。视交叉上核还同步人体的其他时间周期，这就是为什么如果没有光线的话，人的生物钟可能会崩溃。

然而，我们大多数人接触到的光线是过多，而不是不够。因此，我们不再靠自然阳光来判断睡眠时间。光线本身并无坏处，问题是人们什么时候接触到它。例如，在寒冷的早晨，几个小时的强烈光线照射可以提升低落的情绪。但是天黑后一直盯着笔记本电脑和智能手机会使视交叉上核发生混乱，

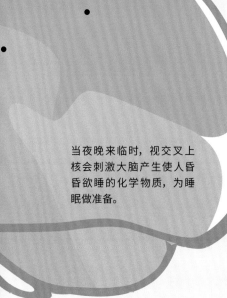

当夜晚来临时，视交叉上核会刺激大脑产生使人昏昏欲睡的化学物质，为睡眠做准备。

因为这些电子设备会发出与日光相似的高频蓝光。蓝光会延迟褪黑素分泌，进而影响人对昼夜节律的感知。长期的睡眠中断和持续的光照削弱了视交叉上核协调生物钟的能力。根据神经心理学家兰迪·纳尔逊（Randy Nelson）的说法，后果很严重："人类抑郁症发病率的提高与现代社会中夜间光照的增加相一致。"

2. 饮食周期

进食的时间也会影响人体健康。萨克生物研究所调节生物学教授萨奇达南达·潘达（Satchidananda Panda）解释道："人们用餐的时间决定了某个特定基因开始和停止工作的时间。"肝脏的新陈代谢由表观基因组控制。表观基因组是一组分子，负责指示基因合成蛋白质的时间和数量。凌晨3点囫囵

吃下烤串，会启动一个只应在白天工作的基因。而且，人的胰腺会在夜间生成胰高血糖素，刺激基因（CRTC2）指示肝脏释放葡萄糖，因此过晚进食会带来葡萄糖超标的风险。潘达教授说："就像给汽车电池过度充电一样，过晚进食会造成严重的后果。"

如果你感到情绪低落，或难以入睡，试试以下方法：

（1）严格控制自己夜晚接触光线的时间，早上则不妨多接触阳光。

（2）晚上将灯光调暗。

（3）睡前一小时不要使用智能手机和笔记本电脑（也不要在卧室里充电）。

（4）保持卧室凉爽（睡眠与人的体温联系密切：当体温下降时，人会产生睡意）。

（5）避免晚间运动（会让体温升高）和在深夜接触让人神经兴奋的事物：咖啡、电脑游戏、恐怖电影等。

（6）培养睡前仪式感。

合理饮食，让生物钟恢复正常：

（1）避免午夜大餐。

（2）提早消耗掉大部分热量，争取做到夜间禁食12小时。

（3）在晚上，多食用富含色氨酸的食物，它是血清素的来源，如坚果、豆腐、家禽等。

工具包

01

　　社会在加速发展。然而，随着生活节奏的加快和生活的富裕，人们低估了时间的价值，把其当作一种可以交易的商品，结果，健康、幸福和家庭生活都受到了影响。但要放慢速度也绝非易事。因此，要像关心营养摄入和健康一样关心时间。当面临一个艰难的决定时，权衡一下可能的收益：加班的收益是否大于在家度过一个美好夜晚的收益呢？

02

　　时间不够用并非成功的标志，而是一种无力感。接受"我没时间"的说法，他人对你的期望就会降低，使你摆脱既忙碌又孤独的状态。尽管许多人感到不堪重负，但大多数人都把时间浪费在了并不重要的事情上。因此，在忙碌这件事上，要做一个怀疑论者，学会将有价值的忙碌与杂乱无章和恐慌区分开来。

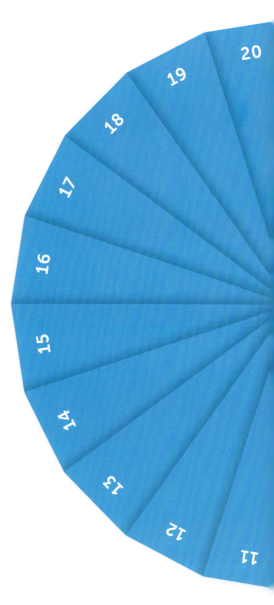

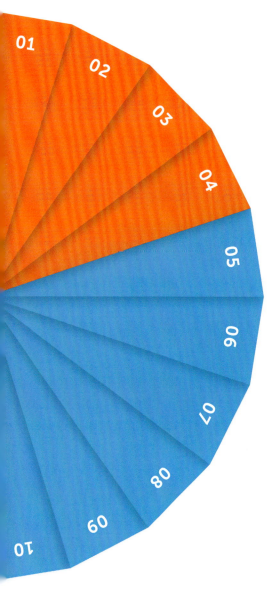

03

时间压力是一个"伟大的"营销工具。商家利用它来欺骗消费者产生稀缺心态，营造一种压力状态，把人们驱赶进"认知隧道"，令人们变得冲动。提高自己对虚假时间压力的认识，注意自己什么时候会陷入"认知隧道"并形成短期思维。练习有意识地使用时间压力，从压力的积极作用中获益。

04

人类是在不断适应环境的过程中进化的，所以人的生物钟与日升日落相适应。但是光污染和全天候的经济发展节奏扰乱了生物钟，造成社会时差。社会时差干扰了人们的睡眠、新陈代谢且伤害大脑，极大地损害了人们的健康。保证合理的生活节奏和睡眠周期，避免在晚上长时间接触人造光源及使用电子产品，切勿在晚上大吃大喝。

第2章

时间如何改变速度

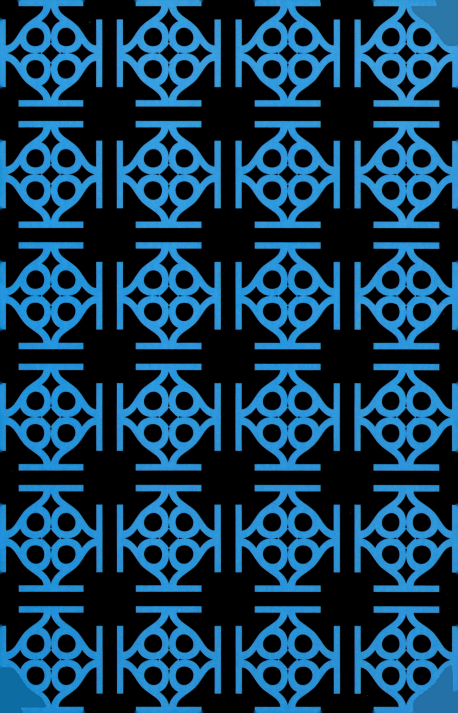

我们随着时间翩翩起舞。人类有一种能与周围环境的节拍同步的神奇能力。

当人们感觉时间变快或者变慢了，人们的内心感受也随之发生变化。

想象一下在看电影时，你内心的感觉是如何发生变化的。电影导演阿尔弗雷德·希区柯克（Alfred Hitchcock）非常善于控制观众的情绪。还记得在《惊魂记》（*Psycho*）里，当珍妮特·利（Janet Leigh）在冲洗头发时，那把匕首隐蔽而缓慢地移向浴帘的那一幕吗? 电影配音使用了刺耳的尖叫声"啊……"

这部悬疑杰作说明了三点：第一，恐惧使时间变慢；第二，恐怖的音乐似乎使时间趋于静止；第三，缓慢的时间本身就令人害怕。

接下来的课程将研究人们的时间感是如何变化的以及背后的原因，加快或减慢的时间感觉对人们产生的影响及其重要性。研究时间感对人们行动、思考、感觉、饮食和消费的影响，可以清楚地发现，人们在随着时间翩翩起舞。人类有一种能与周围环境的节拍同步的神奇能力，但令人恐惧的是，我们无法抵御这种能力对情绪和行动造成的影响。忙碌甚至影响到了我们对他人的关心。但是，了解这些力量，弄清楚人类是如何被其操纵的，可以为提高记忆力、调节情绪和生活节奏提供可喜的可能性。

数字技术、电话和电脑不仅侵占了时间，还削弱了人们的注意力和意志力。然而，一心多用也是一种宝贵的特质。如果学会用意志力控制外界的干扰，集中注意力的方法，就能为生活带来一连串积极的改变。

第5课　时间扭曲

每个人都经历过数个小时如转瞬即逝和像马拉松一样漫长的几分钟。公司聚会时，和老板聊天有如千年般漫长；玩电脑游戏时，一个晚上有如水汽在几秒钟内就蒸发殆尽。产生这种时间扭曲的感觉是因为时间的速度是一种纯粹的主观感知。正如修正时间传统概念的阿尔伯特·爱因斯坦（Albert Einstein）所说："你同你最好的朋友坐在火炉边，一个钟头过去了，你觉得好像只过了5分钟！反过来，你一个人孤孤单单地坐在热气逼人的火炉边，只过三五分钟，但你却像坐了一个小时。这就是相对论。"

不夸张地说，人的大脑通过捕捉线索来判断时间的流逝，人在活动的过程中感知时间。就像人们从草坪上树叶的摆动中间接地"看"到微风一样，时间也可以通过环境的变化来感知。任何能让人产生感知的东西都可以作为时间标记，大脑将其理解为时间在推移的证据。

由于时间感是人心理活动过程的副产品，当它的速度发生改变时，意味着人集中注意力的方式发生了变化。人们可能不会有意识地注意到这一点，但大脑会记录下来：即使是像音乐的音调改变这样微妙的变化，也会增加人的认知活动。而在某一既定时间内或听那首音乐时，人思考得越多，时间就会显得越慢。但是，一旦人们熟悉这段旋律，那么当再次听到它时，音调的变化带来的思考就变少了，音乐似乎就变快了，因为人们对它的兴趣减少了。这并非意味着无趣的东西总是让时间显得更快。相反，当人们感到无聊时，时间会缓慢流逝。这是因为人们渴望能尽早结束无聊的事情，从而增加了精神和情感能量的消耗。

时间标记十分重要，它可以作为参照物，帮助人们在生活中确定方向。在某些情况下，时间标记尤其重要，例如，如果不能准确判断迎面驶来的车辆速度，横穿马路就会有生命危险。但是，哪怕只是在街道上行走，人的大脑也会不断地分析时间线索，相应地调整行走的步伐。虽然这是一个异常复杂的神经系统操作，但除非它出了问题，导致你和别人撞到一起，否则你几乎注意不到它的存在。

另一类时间扭曲是由我们的情绪激活的，特别是像恐惧这一类的强烈情绪。当人们处于危险中时，时间就像停止了一样。纳尔逊·曼德拉（Nelson Mandela）的经历正好说明了这一点，作为南非被通缉的逃犯，有两年的时间，他在不同的藏身处东躲西藏，

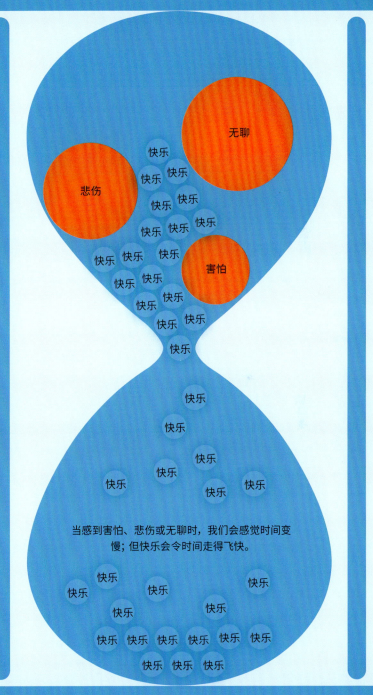

当感到害怕、悲伤或无聊时，我们会感觉时间变慢；但快乐会令时间走得飞快。

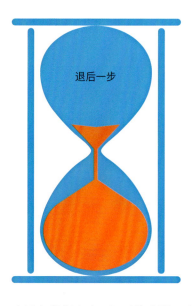

退后一步

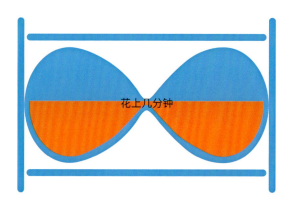

花上几分钟

生活在恐惧之中。但对他来说，这些黑暗的日子里最漫长的时刻之一发生在不到一分钟的时间里。当时，他正在等红绿灯，看到当地安全局的一名上校就坐在旁边的车上。曼德拉回忆说："他压根儿没有朝我这边看，但即便如此，等红灯变绿的那几秒感觉像过了几个小时一样。"

在这漫长的几秒里，曼德拉处于一种高度警觉的逃跑模式。他的大脑分泌了大量的去甲肾上腺素，从而有效加速了他的感知过程，让他每秒有额外的时间来思考如何应对威胁。

这个时间扭曲的例子显示了情绪是如何改变人的时间感的，其他任何事物都无法做到这一点。毕竟，情绪本身就是影响人类行为的化学信号。

正确解读时间信号

理解了时间是如何流动的，人们就可以了解很多人体的奥秘。人的感觉非常强大，可以作为工具加以利用。关注自己的情绪反应是一种让人拥有更多时间的方法。

例如，人之所以会感觉情绪低落，是因为大脑缺少多巴胺——一种让人感觉快乐的神经递质，因此就会感觉时间仿佛停滞不前。大脑接收的细节信息变少，人就会感觉生活十分空虚，这又会进一步增强低落的情绪。

但是，如果总是感觉时间过得太快，也会对心理健康造成损害。人们不想处在无聊状态，于是同时做着好几件事情——不停地说话、滚动鼠标、发信息，拒绝倾听，从而感觉时间过得很快。然而，如果生活像一辆飞速行驶的列车，放眼望去，窗外的景色模糊成一片，那么人们又如何能保留下有意义的回忆?

有趣的是，虽然欢乐的时光总是太短暂，但回忆起来却又显得漫长。这是因为不同的情绪会形成不同类型的记忆。当人们快乐的时候，大脑会释放大量多巴胺，让注意力像蝴蝶一样飞舞，接收了很多不引人注意的细节。因此，欢乐的聚会虽然总是结束得太快，但给人留下的幸福感却可以回味更长久，因为大脑保留了大量丰富、详细的记忆。因此，享受时间的真正价值在于：你会觉得每一秒都是值得的。

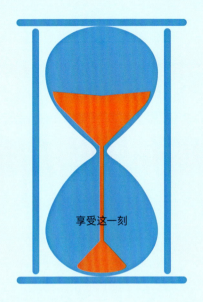

享受这一刻

如果生活像一辆飞速行驶的列车，放眼望去，窗外的景色模糊成一片，那么人们又如何能保留下有意义的回忆?

谁说欢乐的时光就一定是短暂的? 你可以试着在欢乐的时刻，花上几分钟思考其意义，有意识地观察正在发生的事情。我在婚礼当天就是这样做的，不仅时间变慢了，拥有了更多的时间来品味幸福，而且，多年后，那些感受仍然被包裹在记忆的琥珀中闪闪发光。

· 当感觉时间慢得可怕，或快得令人不安时，大脑是在释放什么信号? 是身体因素造成的吗——你上次吃饭、运动或睡得好是什么时候? 时间的迟滞感是不是反映了你的精神状态有问题? 了解背后的原因，就有了改善状况的方向。

· 也许你需要换个方式来改善自己的状况。试着寻找暗藏其中的机会。与新的地区经理见面可能算不上有趣，但可以看作一个磨炼社交技巧的机会。你可以把这次见面当成一个游戏：每让他笑一次，就奖励自己5分。

· 你也可以做出一些改善，通过改变见面的时间、地点和讨论的内容，让会面更有新鲜感。换个让自己更容易投入的见面时间（例如，早上，精神状态最好的时候）。

第6课　谁在控制你的行动节奏

如果人们感到情绪低落，时间并不是唯一看起来比较慢的东西，人们的脚步也会变得沉重，好像鞋子灌了铅一样。这是因为情绪的变化不仅影响人对时间的感知，让时间显得更快或更慢了，当感觉到时间的速度似乎发生变化时，受到影响的还有人们的行动速度。这意味着人们的行动节奏和情绪都很容易被自己和其他的力量操纵。好消息是，如果人们能够改变自己的行动节奏，就可以改善自己的情绪。就拿晨跑来说吧：晨跑可以提高人的心率，释放内啡肽，让人精神振奋，加快时间的节奏。

即使是极其不易被察觉的变化也会对我们的行为产生影响。在一个实验中，受试者被要求观看一些快速闪过的快餐店标志的图片。图片播放的速度很快，以至于受试者不可能很清晰地看到它们。随后，与另一批没有接触过潜意识线索的受试者相比，这些人阅读文章的速度明显更快。

音乐远没有快速闪过的图片那么微妙，但在转动我们的情绪"齿轮"方面却异常有力。在另一项有意思的研究中，研究人员给快乐的学生听动感、欢快的歌曲，给不快乐的学生听悲伤、缓慢的歌曲，然后再反过来，给不快乐的学生听欢快的歌曲，给快乐的学生听悲伤的歌曲。结果，几乎所有的参与者都报告说他们的情绪随着音乐的情感特征而转变，但如果他们的初始感受与歌曲相反，这种转变就最为强烈。这种现象有一个专门的术语——"言行一致化效应"。

音乐不单单只能改变人们的内心状态。

在一项对苏格兰半程马拉松运动员速度变化的实验中，当扬声器播放快节奏的音乐时，选手们跑步的速度加快了；但如果音乐节奏放慢，选手们跑步的速度也会慢下来。为什

么呢？

因为人天生就有适应周围节奏的能力。这种现象被称为"揽引作用"（entrainment），拥有这种能力使人能与环境中的任何节奏或节拍同步。虽然人们察觉不到这一点，但它支配着人们生活的方方面面。当人们融入了周围的节奏时，"揽引作用"就会起作用了。这也解释了为什么在熙来攘往的纽约曼哈顿街头，你很难悠闲地漫步；但在坦桑尼亚的塞伦盖蒂大草原，你就能放慢脚步，像当地的马赛人一样溜达。

"揽引作用"能让你跟得上大多数人的节奏，同时也会让你变得脆弱，因为它意味着你的步伐、情绪和行为都可以被操纵，像磁铁一样被环境因素所吸引。这种反应在商业领域大有用处，它一直存在，只是人们几乎没有注意到这一点。

通过几代市场研究人员的努力，现在

我们知道，快节奏的音乐能让人们在商店里购物时行动加快，提高了人们每分钟的消费额。音乐的另一个商业优势是，即使是最柔和的噪声也会降低认知能力，让人更难静下心来思考或压制冲动消费的欲望。

因此，欢快的流行音乐最受成本低、销量大的快餐店的青睐，它让汉堡店的顾客川流不息，因为伴随着音乐的节奏，顾客们的进食速度加快了。

有意思的是，音乐节奏快或慢的经济效益取决于环境。在得克萨斯州一家中档餐厅进行的一项研究发现，尽管快节奏的音乐提高了餐桌的翻台率，但舒缓的旋律则让顾客更愿意长时间排队等候。这样，一旦他们最终找到座位坐下来，就会喝得更多，这能提高整体利润，因为酒水的利润比食品高。同样，大型超市也倾向于用柔和的音乐来引导购物者在货架间停留，因为人们在超市停留

的时间越长，买的东西就越多。因此，更慢的步伐并不一定会使人更有辨别力或自控力。

控制自己的行动节奏

"揽引作用"刻在人类的基因里，从一出生就开始了。躺在母亲的怀抱中时，婴儿的呼吸和心跳会与母亲的呼吸和心跳同步，如同二重奏一般。同步能力也是一种进化中的适应能力，只有与周围的世界协调一致，才不至于被落下。但是，当你在生活的风景中漫步时，竖起耳朵并睁大眼睛，很快你就会发现那些躲在暗处的，不遗余力地想要操控你的节奏、情绪和开销的力量。

保持警惕，不要让自己的节奏和情绪被操纵。无论是好是坏，都要占据主动，调整自己的行为来还击。凭借下面介绍的这一套方法，你完全可以实现对行动节奏的主导。

许多从事创造工作的人，从音乐家到数学家，都把他们的成功归功于咖啡。如果你见过被注射了咖啡因的蜘蛛织出来的乱七八糟的蜘蛛网，就会对咖啡因是否能支配人的大脑心存疑虑，但无论如何，咖啡因会让人感觉时间走得更快，这一点是肯定的。

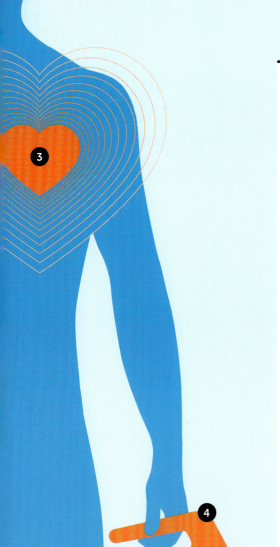

行动节奏掌控训练

（1）留心在商店、餐馆和电梯里播放的音乐。注意它的节奏并思考商家播放这种音乐的目的是什么，自己是否要满足商家的意图。

（2）你能摆脱无意识的随波逐流，跟着自己的节拍走吗？在有人拼命催促你的情况下，想要放慢速度的难度有多大？

（3）留心颜色的影响，特别是红色。这种颜色会令人感到兴奋，让人的心率加快，身体发热，感觉时间过得更快，思考速度加快，反应时间减少。其后果就是，人会吃得更快，花得也更多，这就是为什么快餐店喜欢装修成红色。因此，如果你正在减肥的话，最好换个蓝色的餐厅用餐。但如果你是个慢性子，不妨多穿红色的衣服，看看你的速度能不能加快。

（4）用音乐来改变你的动作节奏。不管你是有一百个信封要塞满，还是有堆积如山的衣服要熨烫，播放一张电子舞曲专辑，你就能飞快地搞定这一切。

行动节奏

个人。所

风风火火，

自己的节

会改变一
以不要再
找到适合
奏。

第7课　你有新的消息

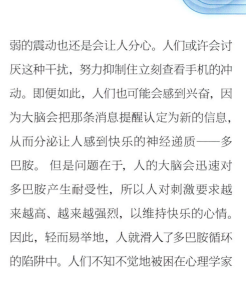

如果房间里有一只苍蝇，你会不会觉得很烦？有意思的是，只有当你需要专注于某件事情的时候，你才会注意到那只飞来飞去的苍蝇。

当大脑被一件无关紧要的事情占据时，人们就成了所谓的"无意注意"[①]的受害者。但是，不管人们有多么讨厌注意力分散，它也有实际的好处。否则的话，人们的感官怎么能同时注意到多件事情？

认知心理学家迪伦·琼斯（Dylan Jones）教授解释说："注意力分散是我们为能够专注于感兴趣的事而付出的代价，但注意力分散的同时人们也从其他来源收集到了信息，这样无疑使人们具备了灵活性和适应性的优势。"

注意力分散的缺点是，在现代技术的冲击下，哪怕是开启了静音模式，手机最微弱的震动也还是会让人分心。人们或许会讨厌这种干扰，努力抑制住立刻查看手机的冲动。即便如此，人们也可能会感到兴奋，因为大脑会把那条消息提醒认定为新的信息，从而分泌让人感到快乐的神经递质——多巴胺。但是问题在于，人的大脑会迅速对多巴胺产生耐受性，所以人对刺激要求越来越高、越来越强烈，以维持快乐的心情。因此，轻而易举地，人就滑入了多巴胺循环的陷阱中。人们不知不觉地被困在心理学家

---

①　无意注意又称不随意注意，是没有预定目的、不需要意志努力、不由自主地对一定事物产生的注意。——编者注

瘾的人越来越多，互联网行业因为它而赚得盆满钵满。但具有讽刺意味的是，通信技术推向市场的时候，还把自己标榜为一种节省时间的方式。

无处不在的数码产品的干扰带来的神经系统问题还不仅于此。人们可能没有意识到，当面对屏幕、短信或电子邮件时，人们往往会屏住呼吸或呼吸急促，还常常伴随着低头弯腰的动作。这会让大脑缺氧，使其进入应激状态，同样类似于一种"非战即逃"模式。但是，由于压力，人体分泌了大量激素，却没有做任何体力活动来消耗掉它们。那么，接下来会发生什么？人们会变得焦躁不安，时间似乎走得更快，多巴胺循环的诱人滋味会变得更加难以抵抗，人们会变得更加心不在焉。

注意力分散不仅仅因为让人们分心而偷走时间。人们会惊讶地发现，分心之后要想再重新集中注意力需要消耗大量精神能量，无形中啃噬了注意力、意志力和生产力。研究这方面问题的专家格洛丽亚·马克（Gloria Mark）教授计算出，工人平均集中精力3分钟，就会被什么东西分散注意力。另一项

所描述的"享乐跑步机"① 当中。

这类似于一种"非战即逃"状态：人们会不断渴望新奇的东西，仿佛错过后就再也得不到一般。换句话说，多巴胺具有可怕的成瘾性，使购物狂、赌徒、网游玩家、被平板电脑"催眠"了的幼童和对社交媒体成

---

① "享乐跑步机"这一理论由心理学家菲利普·布里克曼和唐纳德·坎贝尔提出，这一理论指的是尽管生活起伏不定，但人们最终仍然会回到稳定的幸福水平上的一种趋势。——编者注

2011年的研究估计，由于社交媒体导致员工思想开小差，美国员工人数在千人以上的公司每年的损失高达1000万美元。这个数字还在急剧上升，而人们的注意力持续时间也在相应地缩短。

排除干扰

没有注意力分散就没有今天的人类。如果不是因为人类祖先警觉、好奇和追求刺激，使他们的大脑被多巴胺奖励机制所吸引，从而发现新事物的魅力，他们就不会对潜在的威胁或机会做出足够的反应，也就不会存活下来并把注意力分散的基因留传至今。那么，在日常生活中，人们应该如何妥善合理地利用这种特性呢？

有时，注意力分散也是一种激励。事实证明，在一个杂乱无章的空间里工作有助于让人的思维更灵活。也许你喜欢在咖啡厅里办公，理由是这能激发你的灵感。这并没有什么错。温和的环境噪声可以帮助激发创新的想法。因此，下次你想进行头脑风暴时，可以选择一个热闹的地方。但是，一旦到了必须要认真工作的时候，就不要恋恋不舍。同事们的窃窃私语，或者邻桌翻动报纸的声音，都无助于注意力的集中。迪伦·琼斯教授进行的实验证实，极低水平的背景噪声也会使大脑的表现下降20%～30%。

如何避免注意力超负荷？人的大脑的自然反应是卸下认知的负担。这就是为什么当压力过大或事情太多时，人会变得健忘，但是当截止期限临近时，又能专注于最相关的事情。人的注意力会在每天的工作过程中减弱（因此早上更容易解决棘手的任务），也会因为持续使用而减弱。因此，人们在被打断后重新集中注意力上所花的精力越多，注意力的持续时间就越短。要想拥有持续的注意力，让自己事业有成，就需要制定自己的限定规则。

- 注意自己的工作环境。关上门，关掉对讲机。
- 限定注意力分散的时间。设定查阅电子邮件或脸书（现更名为Meta，元宇宙）的具体时间。
- 充分利用早上注意力最集中的时间，把困难的任务安排在上午。
- 训练专注力。记录自己不间断地保持专注的时长。看看明天是否能打破纪录。
- 将一天分为多个时段，用自我奖励来提升专注力。比如，连续工作一小时后吃点零食，或者连续工作两小时后浏览5分钟的"阅后即焚"（Snapchat）。
- 如果你随时都在刷手机，可以安装一个叫"专注森林"（Forest）的应用程序。停止使用手机的时间越长，树就长得越多，但如果在设定好的时间结束前接了一个电话，树就会枯萎而死。

6月20日，星期一

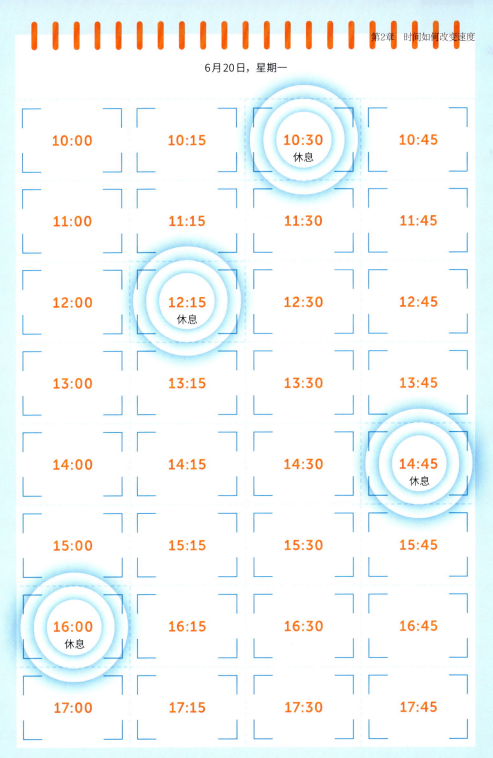

10:00	10:15	10:30 休息	10:45
11:00	11:15	11:30	11:45
12:00	12:15 休息	12:30	12:45
13:00	13:15	13:30	13:45
14:00	14:15	14:30	14:45 休息
15:00	15:15	15:30	15:45
16:00 休息	16:15	16:30	16:45
17:00	17:15	17:30	17:45

第8课　慢下来还是迟到

又迟到了。公交车开走了，你赶上11点06分的火车并准时到达面试地点的机会也没有了。权衡之下，你决定跑过去。可问题是，当你全速冲向火车站时，你脑子里在想些什么？

在匆匆忙忙中，人的思想就会信马由缰。不论你有多聪明，速度都会影响人的智慧，正如著名心理学家丹尼尔·卡尼曼（Daniel Kahneman）在他的《思考，快与慢》（*Thinking, Fast and Slow*）一书中所记述的那样：

"加快散步速度会完全改变我的散步体验……使我的连贯思考能力明显下降。只要一提速，我就要注意逐渐加快行走速度，要刻意保持更快的速度。"

虽然从时间上看，人们的思想要么关乎过去，要么关乎未来。但人的身体动作在很大程度上决定了思维方向。一项研究发现，在火车上，如果人们面向前方而坐，他们的思考自然会偏向于未来的计划。但是，如果人们的座位朝向相反，那么，当他们看到窗外景色在倒退时，他们的思绪就会飘向过去。

这就难怪，在人们急匆匆地赶路时，碎片化的思维会集中在紧迫的当下。仿佛人们通过想象自己当下已经到达了目的地，就可

以健步如飞，提早到达一样。但这并不能带来更宽裕的时间，反而相应地给自己增加了压力。因此，务必当心任何妨碍实现自己目标的东西。

听起来很残酷？事实的确如此。匆忙会让人们陷入一种面向未来的情绪中，使人们把自己锁死在将要发生的事情上，削弱对周围世界的感知。人们不知道的是，匆忙不仅令人们的精神视野变窄，人的道德水平也会随之降低。社会心理学史上一个开创性实验的结果意外证明了这一点。

受"好撒玛利亚人"寓言的启发，1973年，心理学家约翰·达利（John Darley）和丹尼尔·巴特森（Daniel Batson）打算研究哪些人格特征能够预测助人行为。于是，他们从普林斯顿神学院招募了一些见习牧师来做调查问卷，其目的是了解牧师们的道德品质（例如，他们是为了自己的志向还是为了谋求一份工作而选择了神职）。随后，他们被送到另一栋楼里写一篇演讲稿，其内容可以是关于神学院工作的中性话题，也可以是关于"好撒玛利亚人"的寓言。出发前，一些牧师被告知他们马上就要迟到了，另一些则被告知他们还有几分钟时间。

接下来才是对受试者进行的真正的秘

匆忙会让人们陷入一种面向未来
的情绪中，使人们把自己锁死在
将要发生的事情上，削弱对周围
世界的感知。

密测试。这两栋楼之间有一条小巷，巷子里
躺着一个人，不停地呻吟和咳嗽。他们会施
以援手吗？

　　有些牧师停了下来，有些则没有，这还
算正常。但是，令达利和巴特森震惊的是，
无论是拥有美好的精神品质，还是脑子里装
满了善良的念头，都没有任何区别，只有一
件事在起决定作用：如果受试者认为自己要
迟到了，就会径直地走过去，有些着急的人

甚至从病人身上跨了过去；但是，如果受试
者认为时间来得及，就会停下来查看病人。

　　这个实验暴露了一个可怕的事实：善良
也是要看条件的。统计数据表明，生活在快
节奏城市里的人最缺乏助人为乐的精神，而
实验正好也印证了这一点。

逃离匆忙的陷阱

情绪健康不是一成不变的状态，你也可

以改善它。2008年，英国政府开展了一项关于心理资本与幸福感的研究。该研究吸取了世界各地400多名心理学家、精神病学家、神经科学家、教育学家和经济学家的意见，指出有5种活动能够改善人的心理健康。你不妨将其纳入日常生活中：

> 与人沟通

> 积极心态

> 记录生活

> 不断学习

> 关爱他人

因此，你或许以为是出于道德感的助人行为，如社会公益活动，已经被科学证明了对自身是有好处的。如果你目的性很强地生活，把心思总放在一个目标上，就有可能体会不到更深层次的意义和快乐。查尔斯·狄更斯（Charles Dickens）在《圣诞颂歌》（*A Christmas Carol*）中讲述的吝啬鬼埃比

尼泽·斯克鲁奇（Ebenezer Scrooge）的故事，大体上也表达了与此类似的建议。

不幸的是，这些能提升幸福感的活动并不会从天而降，如果你总是匆匆忙忙，或者被稀缺心态所淹没，那就更无可能遇到这种活动了。以下是一些能够帮你更容易达成目标的建议：

· 在日常工作中增添社交、学习、慈善方面的活动。
· 让友谊历久弥新，让朋友聚会之夜以全新面目呈现。

放慢速度并不总是可行的。顶着时间压力，做出良好的、慷慨的决定在商业中是最困难的。在短期主义正在盛行的背景下，商业追求的是快速的回报。正如詹姆斯·格雷克（James Gleick）在《越来越快》（*Faster*）中写道："硅谷的风险投资公司开始为他们资助

训练自己视角转换的技能，练习精神时间旅行的艺术（见第20课）。

下一次你再迟到或感到焦虑不安的时候，提醒自己，情绪并不能帮你更快地实现目标。试着花点时间来调整呼吸，感受一下周围的环境，看看花草，观察光线的变化。用心品味这一切，走出心理上的恐

慌区。

在面对挑战之前，在记忆库中搜索一下。回忆以往战胜过同样艰巨困难的时刻，并把它投射到未来，想象一下成功的情景。心中有了清晰的画面，压力就会烟消云散，成功的信念会更强烈，你的表现自然也会得到改善。

的公司寻求极短的生命周期：他们希望只用18个月的时间便把一家公司包装上市。"

　　为了避免在时间压力的形势下做出错误的选择，你需要更加积极主动，把握先机。要注意那些使你丧失大局观的触发因素，并建立一套标准流程来应对它们。给自己留一条退路，避免让匆忙把自己逼入"认知隧道"。

- 当你感觉被恐慌蒙蔽了双眼时，退一步思考。问一问自己：什么最符合自己的长期利益？如何更全面地看待眼前的问题？
- 如果你经常需要顶着压力做决策，那么就准备一份标准清单，以确保全面地考虑到了所有的问题。例如，谁会受到这个决定的影响？怎样做才是善意的？企业如何从推广的不同价值观中获利？

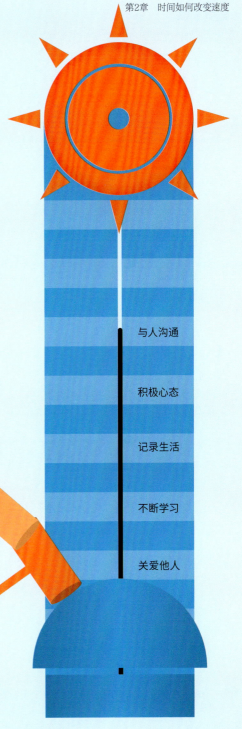

与人沟通

积极心态

记录生活

不断学习

关爱他人

工具包

05

当你感觉时间速度改变时，它折射出的是你身处的环境、你的认知和你的情绪的变化。有时，时间变慢的感觉能帮助你摆脱困境。但当感觉时间变长或走得太快时，把它当作改变的信号，并且对自己的处境或情绪做出调整。兴奋感和新奇感会使时间走得更快，并且能带来更丰富的体验，更令人难忘。如果你想让时间慢下来，不妨退后一步，沉浸于细节之中，品味当下。

06

你的行为节奏与你的情绪相呼应，你可以通过改变行动节奏来调整自己的情绪。人的行为节奏会自行改变以适应环境的节奏（揽引作用），这也许更省事，但容易让人受到操纵。因此，如果超市的背景音乐让你的脚步更快，或者晚餐时，轻松的爵士乐让你流连忘返并想再点一瓶酒，请当心，不要让商家干扰你的行为节奏。

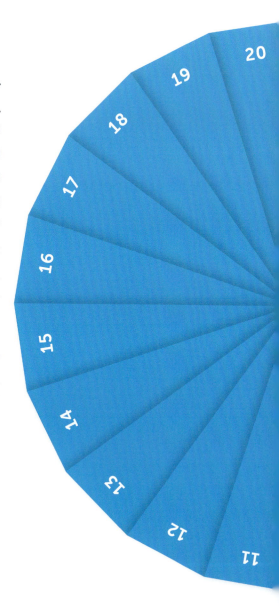

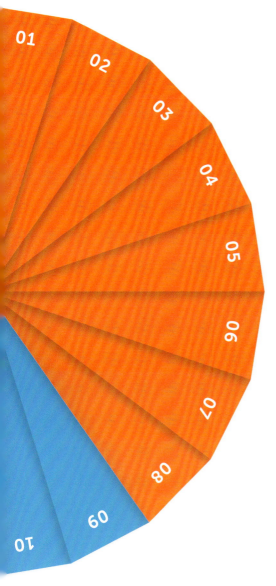

07

一心多用曾帮助人类征服了这个星球。但现在，社交媒体使人们的时间碎片化，让人的行动速度变慢，消耗人的精神能量和意志力。更糟糕的是，多巴胺让人们对智能手机上瘾，因此即使被手机提示音打断工作也会让人感觉愉快。工作时要避免使用社交媒体，或把它作为专心工作的奖励——只能在规定的时间和规定的时长内使用。这样做可以帮助你训练注意力。

08

匆忙能提高人们的心率，但也会降低人们的道德标准。当感到时间不够用，并且思维被"绑定"在一个目标上时，你就有可能会丢掉宽宏大量或助人为乐的美德。因此，如果你必须要快速工作的话，就只能包容这些缺点。放慢节奏，厚道为人，乐于交际，在工作任务的间隙为自己留出喘息的空间。拓宽自己的视野将令你更能体会生活的幸福。

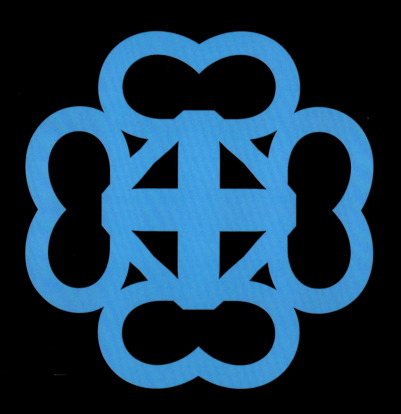

第3章

享受时间为什么这么难

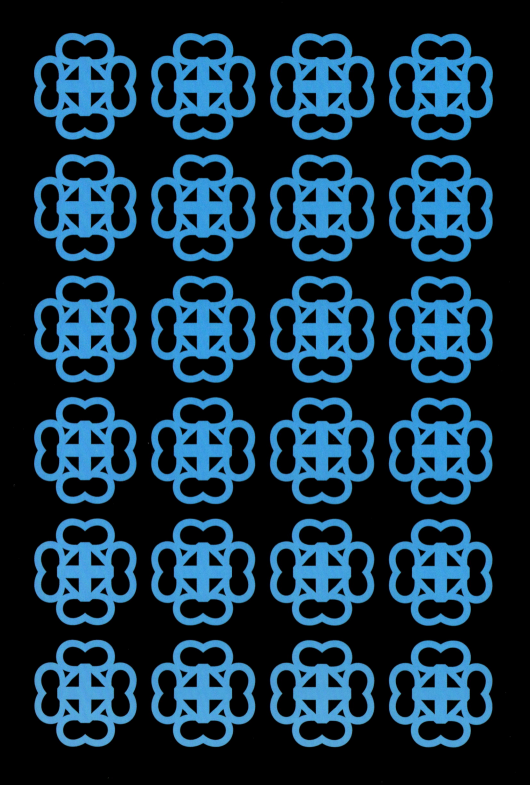

时间是一个谜，但一旦了解时间观念对生活的影响，人们就可以扭转局面。

时间不够用? 无稽之谈。当今人们拥有比以往任何一代人都更多的时间可以支配。英国妇女的平均寿命是83岁，并且以每天4个小时的速度在增长。英国男人的平均寿命是80岁，每天增长6个小时，所以英国男人的平均寿命很快就会赶上英国女人了。

这对于我们而言当然是好事，但眼下的问题是，这些我们老了以后才能拥有的额外时间如何能转化为现在能用的时间?

大多数人的看法与此正好相反: 可支配时间在不断减少，人们感觉时间在不断加速。虽然各种家用电器减轻了家务劳动的负担，各种新技术拓宽了人们的视野，人们还能享受各种旅行，在社交媒体上可以随时与朋友互动和点赞，但是令人遗憾的是，人们的欲望对时间感的扭曲已经到了无以复加的程度。

下面的课程将探讨隐秘的时间观念对人们生活的影响，这些观念有时很光鲜亮丽，有时很阴险丑恶。另外，本章还将介绍修正自我时间观念的必要性和方法。时间是一个谜，几千年来一直困扰着哲学家们。如果说享受时间是一种兼顾工作与生活的平衡之举，那么想安排得当就绝非易事。这是因为人们经常错误地估计时间，而且患拖延症的情况也在增加。根据皮尔斯·斯蒂尔(Piers Steele)教授的说法，1978年，仅有5%的人是慢性拖延症患者。到2007年，这一比例跃升至26%。而且，那时候数字设备还没有像现在一样，不分昼夜地吞噬着人们的时间。但是，只要重新设定自己的日常安排，调整自己的时间观念，我们不但可以及时止损，还能收获更多。

我们应该对时间抱有期待，而不是害怕时间。如果幸运的话，我们能健健康康地活到80多岁，那么，我们就能拥有1000个月的时间。如果我们把这一生看作是用1000个章节讲述的故事，会怎么样? 如果我们能让每一章都变得饶有趣味呢?

第9课　享受时间是可能的吗

最早主张人们应该享受时间的哲学家是伊壁鸠鲁（Epicurus）。我一直很喜欢他，因为他开设了花园学校。这是古雅典第一所招收女性的哲学学校。庭院入口处有一块告示牌热情洋溢地招呼着过往的路人："陌生人，你将在此过着舒适的生活，在这里享乐乃是至善之事。"

你能想象一个正派高雅的休·海夫纳（Hugh Hefner，《花花公子》杂志创始人）的样子吗？实际上，伊壁鸠鲁更像是佛陀，而不是巴克斯（Bacchus）①。伊壁鸠鲁名声受损，因为他提倡了一种非常诱人的理论：快乐乃善之源，痛苦乃恶之根。伊壁鸠鲁认为好的生活意味着努力追求幸福，避免悲伤。然而，他并不主张放纵地寻欢作乐。在他看来，没有痛苦就是极乐。因此，追求感官体验可能与善良相悖，因为过度放纵本身就是坏事，而求不得的感觉会带来痛苦。相反，终极的幸福来自满足、平静以及免于对死亡的恐惧，或者说，一种没有时间压力的生活。

伊壁鸠鲁主义的原则强调三种情绪会使人过得不如意：

> 挫败感

> 强迫症

> 恐惧感

这些情绪决定了人们的时间是自由的还是拘束的，是宽裕的还是吝啬的，是快速的还是缓慢的，抑或是被围猎的。如果人们被上述情绪所笼罩，那么逃避时间——不受义务的束缚，不用关心世界，不用担心明天——就变得非常有吸引力。

另外，不会有人认为没有时间的生活会是愉快的。正如近代一位哲学家伊曼努埃尔·康德（Immanuel Kant）在他的《纯粹理性批判》（*Critique of Pure Reason*）中指出，时间是"作为一切直观之基础的一个必不可少的表象"。它是现实的基础，保证了我们的安全。

试着想象一下没有时间指引方向的生活。患有"失时症"的人，他们没有感知时间的内在机制（通常由于大脑受伤）。因此，他们不知道什么时候该结束谈话，什么时候该出门上班，吐司烤多久才不会烤焦，他们的友谊、爱情和事业往往因为承受不住压力而崩塌。

日期和时间所呈现的数字不只是将感官体验分割成可处理的部分。时间还对人的心

---

① 罗马人将其植物和动物交配受精的神立波尔也称为巴克斯。——编者注

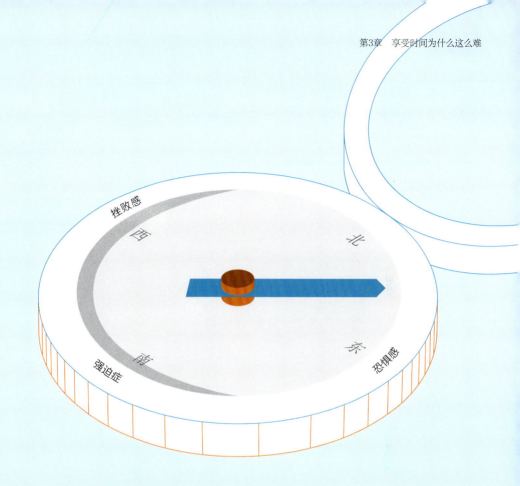

理产生影响。人们往往对存在的不确定性感到害怕，而时间给这种不确定性赋予了一种表象形式，如年轻和衰老，以及各种独特的、抽象的感觉，如预感事件发生的必然性。时间构成了历史，定义了人们的身份，赋予了积累的意义——一切生存的理由。

这些好处的反面是，时间本身像是一尊无情的神。当人们享受时间时，往往会忘记时间的存在，而时间会提醒人们生命无常。当人们希望会议早点结束时，会频繁看表；人们也会为迟到而烦恼，懊恼自己为什么此刻不在现场。正如老话所说的那样，最能扼杀人感情的东西莫过于约会时发现恋人在偷偷看表。

所有的哲学家都承认一点，要想过好这一生，人们必须认真思考时间。那么，该如何思考才能享受时间呢？

找到平衡

人生之旅就如同走钢丝，时间就是在

摇篮与坟墓之间紧绷着的钢丝绳。享受人生的旅程是一个关于平衡的问题：如何在今天的要求和明天的要求之间，在短期快乐和长期利益之间寻求平衡。

愉快的时间有很多种。午后晒太阳的时间给人的感觉是宽裕的、无尽的、无后顾之忧的。而狂欢之夜则会在眨眼之间转瞬即逝。同样，当人们专注于一项任务时，会进入一种充实的、长时间无自我意识的状态。这种状态被积极心理学运动的鼻祖米哈里·契克森米哈（Mihaly Csikszentmihalyi）称之为"心流"。积极心理学致力于优化让人幸福的策略。人们不仅可以思考、控制或计划时间，仅仅只是拥有时间的感觉，都能让人如释重负。你能在生活中发现更多这样的时刻吗？

并不是每个人都会为未来感到兴奋。有些人宁愿什么也不吃，也不愿提前30多分钟决定晚餐吃什么。日历上圈出的数字会让有的人感到恐惧，也会让有的人感到兴奋，这取决于人们的心情和性格。关于如何享受时间并没有固定的方法，但如果生活缺少了这种活动，是一定无法带来满足感和收获感的。大量的研究表明，如果人们觉得自己的决定无法付诸行动，那么人们的动机、决心和意志就会降低。如果你因为时间过得太快或太慢而心生怨恨，表明你没有在做自己想要做的事情。解决这个问题的办法就是让生活充满目标。所以不要再害怕日历和时钟了，它们只是用于测量时间的装置。

- 难道你不想重温自己15岁时的想法吗？难道你不希望回到过去，告诉和你分开的那个人一切都会好起来吗？写日记能给你带来慰藉，现在就开始动手吧。日记不必写得太长，但却能改变你对生活的看法。试试买一本"5日记本"。这种日记本设计得十分巧妙，每个日期都有单独一页，每页有5个简短的条目，每天只记一个条目，第一年写完时，又可以重新从第一页开始写。这样，当你在某一页上写下第二个条目时，你就能重温去年今天的想法。这既耐人回味，又常常令人倍感安慰。
- 就像用线将珠子串成项链一样，我们所取得的成绩是一个个珍贵的时间标记。我们不光要庆祝特别的时刻（如生日、纪念日），也要庆祝给生活带来转变的小时刻。请花时间回首来时的路。
- 你还在用手机上的日历吗？建议买一本纸质日历，把它挂在你每天都能看到的地方。这样做不光可以帮你记住日期，避免事务安排冲突，还能帮你对未来保持期待。

写日记：不应该只做每天的工作计划表，而应对生活进行总结。反思自己每天的生活，记录下自己的想法和感受，使生活变得有意义，拓宽自己的视野。

10月3日	10月4日
第一年	第一年
第二年	第二年
第三年	第三年
第四年	第四年
第五年	第五年

第10课　误判和拖延

大多数时间管理指南会让你想方设法榨取最后一点生产力。我很讨厌读这样的指南，不理解为什么凡事都只能用生产力这把尺子来衡量。难道在我去上厕所的路上或者早上6点05分跑步去利物浦车站的路途中就必须要来一场头脑风暴，而且它还就一定能得出非常好的想法？

对我来说，拥有自由支配的时间，而不是去安排时间，才是在这个工作狂的世界中释放潜力，获得快乐和创造力的关键。诺贝尔奖得主丹尼尔·卡尼曼在他的畅销书《思考，快与慢》中提到，拥有自由支配的时间让人心情舒缓、轻松，而这种心情最能孕育创造性的想法。当然，我承认，想要拥有自由支配的时间从而使心情放松这一事情的难度不亚于一场战斗。我们大多数人都必须工作，很少有人能决定自己的工作时间。从根本上说，拖延并不是放松。错误地估算完成任务所需的时间不仅会影响工作的质量，由此产生的压力还会占用本该休闲的时间。

我们在决定时间的分配时，通常会低估时间的重要性。我们习惯于权衡取舍，常常认为金钱比时间更重要。我们宁愿选择位置较偏僻但是更大、更便宜的房子，也不选择离上班地点更近的小房子，从而牺牲掉本该与我们所爱的人吻别的时间，用于在拥挤的地铁上与陌生人一起度过。甚至连那些专业人士也会犯这样的错误，比如通勤行为心理学家大卫·哈尔彭（David Halpern）。他承认："如果我们能把钱和时间花在与孩子共度的时光上，我们应该会比现在更快乐。"

聪明并不能保证不会滥用时间。石溪大学的心理学教授罗伯特·博伊斯（Robert Boice）花了六年时间研究专业学者的工作情况，发现了强迫性拖延者的六个特征。

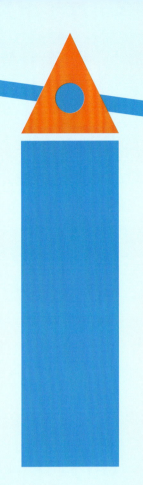

> 忙碌

> 对产品(工作数量)的思考多于对过程
(生产方式)的思考

> 焦虑(注意力分散、紧张和烦躁不安)

> 对如何完成工作有不切实际的期望

> 对强加的架构或准时性的方法感到
反感

> 工作成绩不佳

如果你觉得以上几条听起来很熟悉,
那就准备好来个彻底的改造吧。首先,不要

把自己定义为拖延症患者。给自己贴标签,
可能会导致标签的自我实现,因为我们偏向
于按照符合自我形象的方式来行事(心理学
家称之为"一致性偏差")。

所以尽量不要调侃拖延这件事,像小说
家道格拉斯·亚当斯(Douglas Adams)所说
的那样:"我喜欢最后期限。我喜欢它们'飞
过'时发出的嗖嗖声。"拖延意味着即使你
明知道不符合自己利益,也会将事情往后
推。反过来,如果拖延能够被精心设计和
安排,又会成为良好的时间管理的关键。因
此,为什么不把自己当成是一个正在学习如
何合理拖延的人呢?

打败拖延症

拖延的原因有五个：

> 能力不足（不能胜任工作）

> 客观环境不佳（混乱、无序、计划不周）

> 缺少刺激（你喜欢刺激）

> 犹豫不决

> 厌恶失败

为了尽量减少这些问题，要小心，不要承担过多的任务，创造条件让目标更容易实现。合理地利用时间并专注于当下的任务，越能频繁地做到这一点，你就越是轻松、踏实和可靠。

正如罗伯特·博伊斯指出的，长期拖延者在计算任务时间方面一直表现出糟糕的判断力。他们用"压力让我做得更好"这样的托词为自己辩解（当然，压力是肯定存在的，是否能促使人做得"更好"就未必了）。一个有用的训练方法是列出自己为了推迟工作而找的理由，问问自己，这些理由是不是自欺欺人？对这些借口要有清醒的认识，下次发现自己在找借口时，要果断地否定它。把借口当作一个触发开关，用于制止自己的习惯性反应，重新调整你的心态。

我们的大脑对时间的错误判断通常表现为两种形式。第一，最后期限越远，我们就越有可能低估一项任务的复杂性，从而低估完成这项任务所需的时间。第二，一项任务越复杂，所涉及的步骤越多，那么最后期限似乎就越远。

另一个问题是，诱惑太大实在难以抵御。当人们从长计议时，更容易做出理性的选择，但眼前的利益总是最诱人的。

所有以上因素叠加在一起，意味着遇到困难的任务时，人们会本能地拖延，经常自欺欺人地认为时间还很充裕。

要想做到有计划地延期，就要训练自己去抑制拖延的冲动。一旦发现自己有拖延的想法，就要立即叫停。问问自己为什么要偏离原来的计划？是什么吸引了你的注意力？计算一下拖延的损失和收益。如果这样做了，你仍然认为确有必要拖延，那就确定一个你准备重启任务的时间并且将它写下来。这样，你会发现当新安排的时间节点到来时，就不会再轻易推迟了。

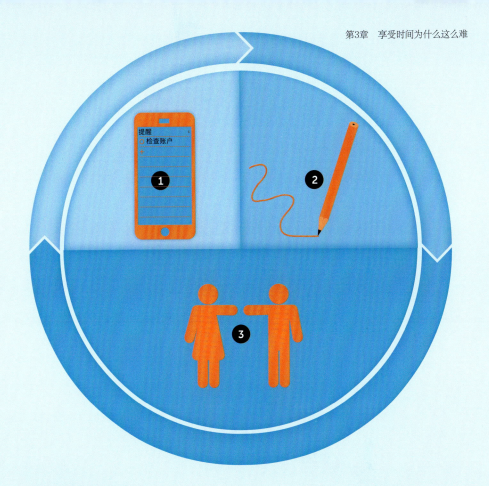

如何克服自身的弱点？

1. 预先安排

例如，每月定期向储蓄账户存款，让理性的、长期的、有计划的你，那个决定要为买房子存钱的你，占上风。这样你就不会把工资全部花在购买打折商品上。同样的道理，我们一定要在安排工作时为最有难度的项目预留出固定的时间。

2. 详细计划

给每个步骤定一个最后期限，以明确任务完成的可行性和必要性。首先，把任务分成几个阶段，计算每个阶段所需时长。其次，决定每个阶段的开始和结束日期。最后，把计划写下来。研究表明，写下来的计划能强化心理承诺。

3. 分享计划

与朋友分享你的计划，定期告知朋友自己的进度。社会压力（例如尴尬）能有效防止我们中途退缩。

拒绝拖

有目的

优先次

合理拖

延症。
地安排
序并且
延。

第11课　每个人对时间的不同理解

你对时间的态度揭示了怎样的自我？它意味着解放还是约束？

这些问题可能会让你觉得很神秘，但人们对时间的认知并不是不切实际、抽象的。科学研究表明，它们具有极大的相关性，在引导人们的生活方面发挥着巨大作用，而这种作用却往往被人们忽视。

每个人对时间都有不同的认知。例如，我把时间想象成一条路，又有点像一把尺子。尺子的长短刻度代表小时、天和周，当我前进时，过去在我身后，未来在我前方。这种时间概念对我来说是合乎逻辑且自然的，但我所处的科学时代让我知道它不过只

是一个比喻。公元65年，一个不那么科学的时代，对政治家兼剧作家塞涅卡（Seneca）来说，时间就完全不同。他被放逐在自己的乡村庄园，等待着统治者——尼禄皇帝（Emperor Nero）下达处死的命令。他开始给他的朋友卢齐利乌斯（Lucilius）写信，总结他的人生哲学。在第十二封信《论老年》（*On Old Age*）中，他将时间描述为以童年为圆心，由青年和壮年环绕而成的"大圆圈包围小圆圈"的样子。这个描述让人联想到树干上的年轮。听起来很奇怪，对吗？但在只能见到树木而见不到皇帝的罗马乡村，还有什么比这更贴切的比喻呢？

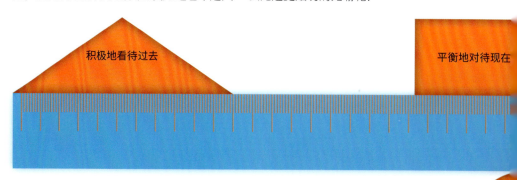

积极地看待过去　　　　平衡地对待现在

对不同的人来说，时间的隐喻是不同的，但我们个人的时间感很难有精确的比例。有些日子很重要，而且越是重要的事件，人们的记忆就越近越清晰。

例如，孩子的出生时间，对于母亲来说，总是感觉"恍如昨日"。这解释了为什么对老年人来说，日复一日的平淡生活会一闪而过，总也记不住。而对小孩子来说，每一天都是漫长的，是一个新奇有趣的信息宝库。

心理学家菲利普·津巴多（Philip Zimbardo）有一个主张：有些人的时间观念比其他人的更健康。你可能听说过这个人。他在1971年进行了臭名昭著的斯坦福监狱实验，让一群学生在一个模拟监狱中扮演监狱狱警和囚犯。三天之内，扮演监狱狱警的学生变成了虐待者，而扮演囚犯的学生变成了受虐者，甚至连监狱长菲利普·津巴多本人也身陷其中，迷失了自我。这项研究被中止了，但它的结果引起了轰动，因为研究表明了人的性格是由动态环境塑造的，这对"性本恶"观念提出了挑战。这一发现将津巴多引向了新的研究方向，最终，他发现我们的时间观念，即对过去的感觉和对未来的态度本身就是一种动态的力量，引导我们走向善与恶、喜与悲。由此，津巴多提出了一个新的理论：平衡的时间观。

津巴多认为，平衡的时间观念是指人们积极地看待过去（快乐的回忆，对传统的喜爱），平衡地对待现在（充满热情，相信行动会带来改变），以及积极地规划未来（制订计划，期待事情变得更好）。相比之下，失衡的时间观念，经常能在患有抑郁症或

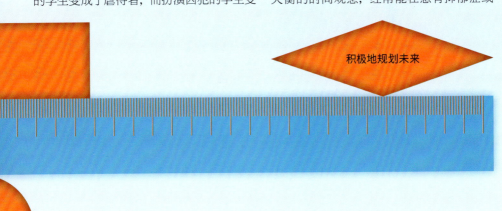

积极地规划未来

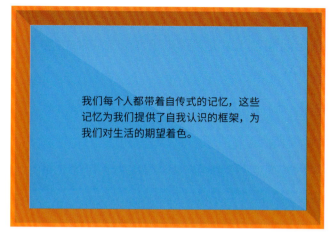

我们每个人都带着自传式的记忆，这些记忆为我们提供了自我认识的框架，为我们对生活的期望着色。

情绪低落的人的身上找到影子。

重新启动你的时间观念

少有人注意到人们的行动和期望在多大程度上被个人的时间观念渗透和影响。这并不奇怪，因为观念是不可见的。然而，它会过滤我们对世界的看法，而观念是由我们对过去、现在和未来的看法以及所有生活经验组成的。

例如，我们每个人都拥有自传记忆，像口袋里揣着幸运硬币一样，随身携带。这些护身符式的记忆代表了我们对自己的看法，所以它塑造了我们的行为，决定了我们对生活的期望是好是坏：有人把时间看作一个慷慨的恩人，对生活充满了希望；有人相信时间是一种没有方向的力量，不管个人如何努力，都改变不了被时间随意主宰的命运。我相信你的描述一定和我不一样，你可能会说

自己是一个悲观主义者或乐观主义者。但是，剥去这些无益的标签，你可以破解这些想法的根源来自何处。

一旦你真正开始注意到自己的时间观念，你就开启了一种激动人心的可能性，你可以改变自己的时间观念，改变对生活的看法，采取合理的反应和行动，促使事情向更好的方向发展。

有证据证明了津巴多的理论。面向未来

让我们测试一下你对时间的态度：

（1）你最难忘的记忆是什么？

（2）你如何描述你对过去的感受？

（3）你打算在这个周末做什么，为什么？

（4）你的未来是什么样的？

（5）审视你的答案。它们揭示了你对过去、现在和未来的态度是怎样的。

的社会比面向现在的社会在经济上更为成功。面向未来的人能更好地控制冲动，最有效率的人往往对自己的过去和未来抱有美好印象。更重要的是，拥有详细记忆的人更善于制订计划和设定具体的目标，这表明牢牢掌握过去将帮助人们为未来奠定更坚实的基础。道理再简单不过了：你对自己的昨天和明天越有信心，当下就越幸福。

好消息是，人们可以重新找回平衡的时间观念。津巴多针对患有创伤后压力疾病和精神疾病的人，制订了一个治疗计划。他将病人的注意力集中在曾经让他们感受到爱和力量感的事件上，训练他们的积极记忆。这种心理转变帮助他们在日常生活中变得更加积极和乐观。

人们当然不需要用遭受创伤，或者在治疗师的沙发上躺几个小时的方式来改变自己的时间观念。美国迈阿密大学的一项研究显示，微小的调整就会产生效果。研究人员让300名学生回忆一件自己受到伤害的事，之后，要求他们把事件经过写下来。三分之一的人被要求详细描述该事件，重点记叙自己的愤怒和悲伤；另外三分之一的人描述该事件，然后发现其中的好处，以及他们从中学到的东西；剩下三分之一的人描述他们第二天的计划。结果发现，第二组的人是最宽容的，而且最不会回避伤害过自己的人。

《设计幸福》（*Happiness by Design*）一书的作者保罗·多兰（ Paul Dolan）认为："保持幸福意味着能更有效地分配注意力，关注那些能给我们带来快乐和有意义的事情，远离那些令人痛苦和毫无意义的事情。"因此，试着从糟糕的经历中吸取教训，珍惜快乐的回忆，制造更多快乐。让这些做法成为一种习惯，你将收获一个关于时间和生活的更健康的心态。

第12课　被劫持的生活

习惯在生活中形成，但其糟糕之处在于对人们的控制。"亚历山大技巧"的发明者 F.M. 亚历山大（F.M.Alexander）写道："人们的未来不是由自己决定的，是由习惯决定的，而人们决定了自己的习惯。"

虽然你可能并不认为自己的生活像自动驾驶汽车一样带着你往前走，但几乎可以肯定事实正是如此。据估计，习惯占据成人行为的40％。人们甚至有更大部分的时间是受心理经验法则——设想和观念的支配，它们指引着人们时时刻刻的行动（学术界称这些快捷思考的方式为"启发式"）。

这一切都是人类成熟的标志。数学家阿尔弗雷德·诺思·怀特海（Alfred North Whitehead）指出："文明的进步之处在于增加了我们无须思考就能完成操作的数量。"同样地，人们不假思索的本能习惯也有助于自身的生存，因为这些习惯让人类在自动化行为方面非常高效。人们根本不需要专门思考机械的、有规律的、难以形容的、精巧的身体动作，就可以做到跑步不跌倒，吃饭不噎着——这帮助人们解放出了额外的认知能力，将思想应用于其他地方，盘算奈飞（Netflix）上有什么好看的电影，或者谋划策略，以获得向往已久的工作晋升。

当然，如果人们按照习惯的指引生活，生活就会变得可以预测，如同康加舞步一样按部就班。此外，由于减少了决策过程，习惯就变得非常有用，它化解了可能产生的矛盾。在我们做事的过程中，只要有关的行动和习惯是有益的，就不会让我们偏离方向，做一些冲动或者后悔的事情，比如拖延症。

做决定并不是对时间的低效利用。自由意志是人类的最高权利。能够自己做主是一件令人愉快的事情，例如外出购物。但是，当人们面临选择时，节奏就会放慢，每做出

计划不周，时间和精力便会从日常工作中不知不觉地流失。

一个选择，就意味着必然要放弃别的东西，于是，选择便成为焦虑和遗憾滋生的沃土。

在网上，随着人们精神世界的扩大，选择也在成倍地增加，这有可能会导致人的决策机制过度紧张。搜索引擎和比价网站不仅提供了大量的信息和便宜的商品，还为压力、冲动和"选择困难症"的纠结状态提供了广阔的空间。

一旦认识到自己最糟糕的习惯是什么，你就能开始注意到它们是如何悄悄地榨干了你的时间。但是，特定的环境会有利于习惯的快速形成。因此，改变自己的环境，就能改变自己的习惯。

习惯的危险之处在于它们能抹杀人们生活的参与感。然而，你也可以利用习惯的力量——养成好的习惯，用心生活，调整自己的节奏，并且不被不必要的决定所干扰，这样你就能活得潇潇洒洒，体会到时光所带来的一切美好。

重新规划自己的日常

在这个一切信息都可以即时获取的世界里，精心设计的日常活动安排如同盔甲一般，帮你抵御使人挫败的冲动与无聊感。不妨把日常安排看成穿衣打扮，利用好时间，提高其质量，这将为你带来意想不到的愉悦，你的自我形象和工作效率都会提高。

安排日常工作的方法和健身教练安排训练课程的方法一样。应该符合趣味性的原则，一天的工作安排也应该保有趣味性。在计划一天的日程时，重要的是在必要的任务之外加入即兴发挥的时刻。这看似矛盾，因为惊喜的关键在于这是一种意料之外的快乐。尽管如此，专门划出一段自由安排的时间意味着惊喜更有可能发生。自由时间甚至可以安排在每天的同一时间段内。在学校里，人们把它称为"游戏时间"。

关注自己的能量下降的时间，这是你休息或改变节奏的提示。除此以外，利用对比，即变换节奏，注意高潮和低谷的时刻，这样做也可以让机械重复的日常工作更有意义。找出你一天中的黄金时刻，想办法让这样的时刻变得更多。将不同类型的工作交替安排，以避免陷入进度停滞的状态。

剔除你生活环境中那些助长你坏习惯的东西。列出那些经常妨碍和迷惑你的时间"窃贼"，并以批判的眼光检查你的工作环境。它是不是很混乱或嘈杂？是否太容易让人放下手中的正事，溜去上网，吃零食，或与客户打电话闲聊？现在，给自己设置一点障碍，以免浪费时间。关闭无线网，把零食放到不易拿到的地方，或者屏蔽客户的电话号码。

接下来，为完成重要任务创造高效的工作环境。简单的改变就能让你大有收获。整理一下物品，让工作场所更有吸引力。给椅子垫个坐垫能让你坐得更久。如果你工作的干劲差不多是喝完一杯咖啡的时间，那就买个更大的咖啡杯。

试试以下方法：

（1）提高你对一天当中所充斥着的无效时刻的辨别意识。明确时间是在哪里流失的。

（2）认识你最糟糕的习惯。是什么因素会触发它们？如何避开这些触发因素？

（3）任何习惯都很难打破。但是，用更有吸引力的东西来取代一个坏习惯则要容易得多。一旦你确定了一个想要克服的坏习惯，试着用一个诱人的新习惯来替代它。尽量让新习惯变得有趣，增加新奇和对比的元素，以帮助它转变成长期的习惯。

工具包

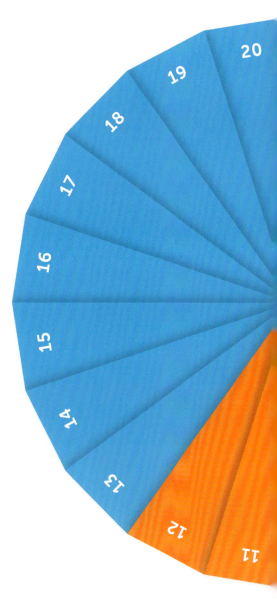

09

　　享受时间是一个悖论吗? 当我们忘记时间的时候往往是最快乐的。然而，成功的生活需要在今天的快乐和明天的要求之间找到一种平衡。有时候，短期的快乐会与长期的利益相冲突。但是，理解时间作为一种工具和安慰剂的重要性，掌握享受它的时机，你就能更好地利用时间。多创造无忧无虑的时刻，珍惜美好时光，让自己尽情投入各种活动。

10

　　拖延就像是贩卖一份假的招股说明书。拖延让你感觉自己是在争取快乐的时间，生活似乎更多姿多彩了，但它却让人产生内疚感，使工作成果达不到要求。每个人都会错误地估计复杂项目所需的时间。所以需要更科学地制订计划。将任务分解成可以逐步完成的工作，确定每个阶段的最后期限，并坚定不移地执行该计划。

11

你可能并未在意自己的时间观念，但它会对你的未来产生影响。培养积极的时间观念——多创造快乐的回忆。对今天和未来的美好抱以期待，这种期待是可以自我实现的。但是抱有痛苦的回忆，认为自己所做的一切都无法改变生活的结果，将让你的行为变得负面消极，最后，你所担心的事情很可能会发生。

12

习惯可以是你最好的朋友或最坏的敌人。有些习惯是值得珍视的，有些习惯是自发的行为，可以减少浪费在决策上的时间。但低效的习惯会妨碍你的发展。重新规划自己的日常工作，使习惯的价值最大化，这样做能使困难的事情变得容易，让你避免浪费时间。如果有必要的话，改变一下自己的工作环境。但不要让日复一日的重复工作剥夺你对生活的探索发现。留出即兴发挥的空间，并不断改变工作安排的组合搭配。

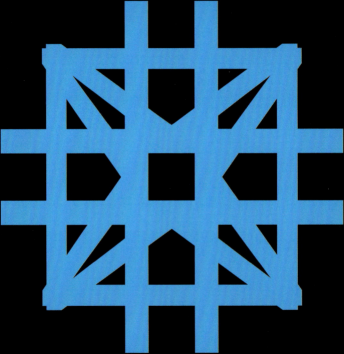

第4章

停止追赶时间

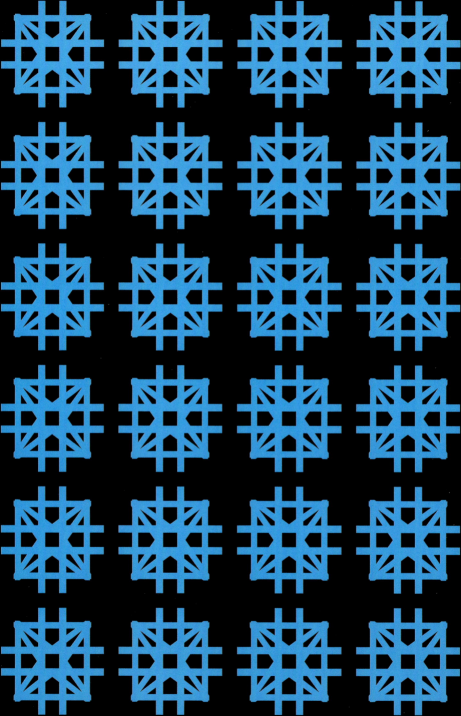

你是否感觉你的生活像一场与时间的赛跑? 你是否有自己的
节奏?

我们来做一个测试。下个星期三,你和你最好的朋友本来要去爬山 / 去拉斯维加斯 / 去做水疗(根据个人喜好选择其中之一)。但由于日程安排上的冲突,日期需要提前或者推迟两天。你打算把旅行改到哪一天?

花几秒思考一下。

你的答案是星期五还是星期一? 如果是前者,你的时间观念是属于"向前看"的类型:把时间看作是一条轨道,你沿着这条轨道奔向你的未来; 如果是后者,你的时间观念是属于"向后看"的类型:你站着不动,感觉时间在向你靠近。这两种观念反映了截然相反的心理倾向。

我自己的答案是星期一,我对这个答案略感失望:对我来说,"向前看"的人更积极主动,将生活牢牢掌握在自己手中。但是,把时间作为一种万能的力量来尊重也没有错——只要你不要有一种受害者的心态。

如果你的答案和我一样,担心自己对时间的看法很消极,那么你大可放心,因为很多人对这个问题的答案都会随着环境而改变。如果去问在公共汽车站等车的人,他们更有可能回答星期一。但是如果在他们慢跑时去问,更多的人的回答会是星期五。

这个小小的实验提醒我们,时间是一种感知。你对待时间的态度很能说明你是什么样的人。例如,一旦理解了拖延症的原因,你就会更加了解自己并想要做出一些改变。是因为渴望刺激还是因为害怕失败才让你拖延的呢?

和罗盘一样,时间的作用在于让人们找准生活的方向。接下来的课程将提供一些实用的方法,让你的每一天都生活得更顺畅,让每一个小时都能产生更大的价值,让你找到适合自己的生活节奏。

第13课　是早起的鸟儿还是夜猫子

"早起的鸟儿有虫吃。"这样的老话时至今日仍能引起人们的共鸣，不免令人感到惊讶，因为这样的理念诞生于农业时代，那时的人们还过着"日出而作，日落而息"的生活。而今天，如果人们愿意，技术可以让人们的工作跨越多个时区。那么，为什么我们仍然会对那些天明即起的人表示英雄般的崇拜呢？

早起的人往往被视为高成就者。而有意思的是，成就高的人对自己的早起行为也颇感骄傲。身兼大厨、企业家和五个孩子的父亲的杰米·奥利弗（Jamie Oliver）坦言，他通常在凌晨4点45分醒来，蹑手蹑脚地下床，然后在浴缸里泡上半小时。"这是我唯一的安静时间"。接下来，他前往健身房，然后在7点30分正式开始工作，"工作开始后，只能争分夺秒地制订计划"。换句话说，他每天早上的活动是一种对过度安排工作的逃避行为。

如果你对美国《时尚》（*Vogue*）杂志的编辑安娜·温图尔（Anna Wintour）没什么印象，那么你可能不知道，她每天早上要洗头然后吹干头发，再打一场网球，才去上班。同样，康多莉扎·赖斯（Condoleezza Rice）曾经是钢琴神童和滑冰运动员，经常为了训练而放弃睡眠，在担任美国国务卿期间，她每天早上5点就开始在跑步机上锻炼了。

对于上面提到的这些人，早起意味着时

间的选择：在僵硬死板的工作之外，能有时间做一些严格意义上不那么重要的事情。但对其他早起的人来说，早起提供了工作的黄金时间。

维多利亚时代的多产作家安东尼·特罗洛普（Anthony Trollope）每年多付5英镑给老马车夫，让他在早上5点30分之前给他送一杯咖啡。接下来的三个小时里，作家把怀表摆在桌上，开始不停地创作，以确保自己能达到每15分钟250字的目标——使用这种技巧，身为邮局全职雇员的他完成了超过24部小说。

特罗洛普的方法并不适合所有人。夜猫子们声称自己要到中午才能感觉清醒，这并非在撒谎。人们睡醒的时间天然地有所不同，这取决于所谓的睡眠类型。人的基因决定了人的睡眠类型，也决定了人所需要的睡眠时长，但是人的入睡时间和所需的睡眠时长之间其实没有关系。

时间生物学家将睡眠类型之间的巨大差异归因于这样一个事实，即如果任由我们自己决定，大多数人喜欢的入睡到觉醒的周期或长或短于太阳日。因此，几乎每个人都处于轻微的时差状态，需要不断调整以适应24小时的时钟。那些入睡到觉醒的周期小于一天24小时的人会更早醒来，反之亦然。

研究证实，早起是处于事业巅峰的成功人士的共同特点。这是否意味着夜猫子们注定一无所成呢？

早起的秘诀

时间管理专家劳拉·范德卡姆（Laura

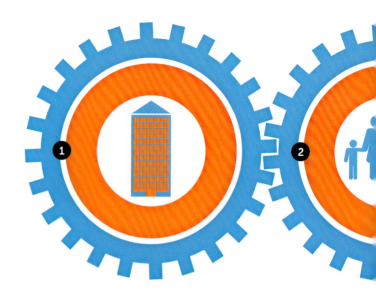

Vanderkam）研究了早起的人在别人还在蒙头大睡时都做了些什么，发现这些人将早餐前的时间用于处理个人的重要但非紧急事务。

（1）发展事业（制定战略或专注工作）。

（2）陪伴家庭（和家人独处）。

（3）滋养自己（锻炼或培养个人的兴趣爱好）。

这说明了早起的好处并不在于在某个时间段起床，而在于为优先事项争取了时间。

如果你不是一个天生爱早起的人，也不要绝望。相反，要设法有效利用好你的巅峰时刻。你可能认为自己在入夜时工作效果最好，但研究得出的结论是，醒来后的头三个小时是人们最机敏、最专注、逻辑性最强和效率最高的时间。此时，褪黑素（能让人产生睡意）的分泌减少，血清素和内啡肽开始发挥作用。这是从事需要高强度思考或原创性思维工作的最佳时间。这些精力充沛的时间带来的另一个好处是，时间似乎过得飞快，催人奋进。因此，尽量珍惜你一天的开始阶段，无论开始得早与晚。

在清晨时分致力于优先事项似乎更容易，如果迟了，来自喧闹世界的干扰和其他人就会开始争夺你的注意力。但小说家安妮·赖斯（Anne Rice）在职业生涯中成功地改变了自己的工作时间规律。在写她的第一本小说《夜访吸血鬼》（*Interview with the Vampire*）的时候，她经常通宵达旦地工作，她说："没有电话的干扰，我的丈夫在酣睡，而我就需要在这样寂静的夜晚独自写作。"做了母亲之后，她又恢复了正常的工作时间。对她来说，在哪个时间段写作本身并不重要，重要的是"不被打扰的三四个小

发现，将上学时间推迟一小时对于习惯晚睡晚起的男孩来说会带来巨大的学业进步。

因此，如果你感到和周围的世界不同步，那么你就应该调整你的睡眠类型。试着改变你的环境和个人预期，使之更符合自己的自然节律。早起的人们从一天的开始获得额外的时间。不管个人的最佳状态何时来临，任何人都能从中获取额外的价值，让自己的事业兴旺。

时"。你或许也能够在上午找到这种宁静的时候——当婴儿睡熟或者孩子们都去上学以后，这取决于个人的情况。

你的睡眠类型并不是一成不变的。首先，它会随着年龄的增长而来回变化。做过父母的人都知道，年幼的孩子总是醒得很早，但到了青春期，他们就醒得越来越晚。研究

守护你的早晨

（1）想要成为早起的鸟儿，就要试着改变你的睡眠周期。早点上床睡觉，买一个好点的闹钟。

（2）如果你总是迟到，请提前15分钟起床。

（3）尽量减少选择和避免慌乱：前一天晚上就准备好第二天的衣服和其他物品。

（4）尽量减少冲突：如果总是为吃什么而意见不统一，就提前协商好早餐的食谱。

（5）选好自己工作方式：大喊大叫也许能加快事情的进展，但也会消耗你的决心和士气。

（6）专注：早餐时不要使用智能手机。

第14课　停止多任务，专注一件事

想象一下这样的场景。你正在洗澡，心里计划着下午要做的报告。但你还没把开场白想好，其他的事情就打断了你的思路：昨天忘了把报告发给谁；上午9点前必须开出发票；周三会议前必须干洗那件衣服。今天就是周三，你打算三两下洗完澡，早餐也不吃就开始工作。你需要笔和纸记下刚刚想到的一切，但当你找到纸和笔时，突然一下子又什么都记不起来了。你安慰自己没关系，等会儿就自然会想起来的。可是，当你再想起时，就又不得不手忙脚乱地应付一阵子。

如果你超负荷地工作，这一类型的思维过程就是一种常见反应。它们是警告信号，表明你正处于一种精神状态，组织专家卡森·塔特（Carson Tate）称其为"爆米花脑袋"。当压力让大脑无法再处理其认知负荷时，就会发生这种情况。大脑开始随意冒出一些想法，一旦你准备去处理它们时，这些想法就消失了。你很可能是在进行一种效率极低的活动，即多任务处理。

多任务处理历来被视为是一种优点——特别是在双职工家长中，他们就像急诊室里面叫不上名字来的部门人员一样到处跑来跑去，还因此为人称赞。但是，尽管多任务处理十分困难，也需要掌握熟练的技巧，但这真的是值得骄傲的事情吗？

心理学家丹尼尔·卡尼曼说："在时间紧张的情况下，从一个任务切换到另一个任务是很费力的。"随着数字技术的无孔不入，"持续部分关注"［由作家琳达·斯通（Linda Stone）在1998年提出］这种注意力半集中状态逐渐成为常态，可以说我们大多数人在大多数时候都在进行任务切换。

你可能会认为，我们肯定可以超越这些限制。大脑是神经化学的一个奇迹，是已知宇宙中最复杂的计算设备，而且具有巨大的可塑性——大脑能够适应任何环境，并从多个数据流中筛选出有意义的信息。另一方面，每个人都知道，一边揉肚子一边拍脑袋有多么困难。要在同一时间思考两件事情更是难上加难。

当你在思考过程中把你的注意力转向其他地方，被暂时搁置的思路将继续以较慢的速度运行。这就造成了注意力滞后，从而导致了所谓的"宿醉效应"。

简单地说，你的大脑会继续无意识地思考未完成的任务，心理学家将其称为"默认系统"（default system）。这意味着，如果你试图处理另一个全新的任务，你的心理将

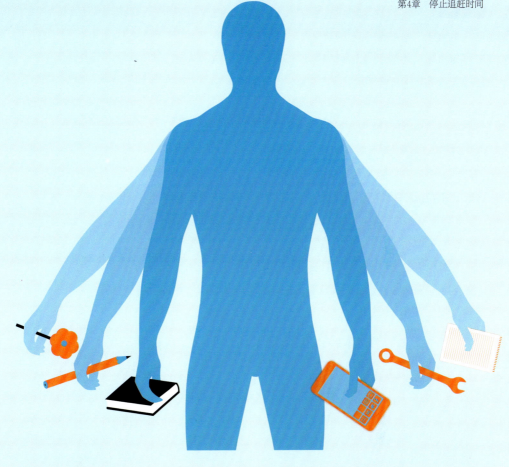

受到认知宿醉的影响——所有关于之前未完成任务的思考仍在悄悄地进行。这种认知负荷会拖慢你的速度，阻碍你找到新的、合适的方法。更重要的是，从一个任务跳到另一个任务本身就会给人一种时间过得很快的错觉，这很容易使你的思维陷入慌乱的"认知隧道"中。

奇怪的是，宿醉效应只会持续存在于未完成的任务中。实验发现当某件事情完成后，你的大脑就会把它归档，不留下任何思考的踪迹，因此不会影响到下一个任务的思考。但是，在多个未完成的任务之间周旋，到处留有未解决的"尾巴"的危险之处在于，你的大脑会保留着这些思路，等待你继续拾起来。如果你的一天被分散的注意力搅得七零八落，以及其中又有很多事情衍生出了新的任务（哪怕只是为了确认一封电子邮件），那么压力必然是十分巨大的。

单一任务的乐趣

你可能以为自己不会遇到多任务处理的时候。但如果你在一个开放式的办公室里工作，或者手机就放在身边，或者有家庭要照顾，或者有一个喜欢发送电子邮件的老板，多任务处理几乎就是不可避免的。

如果你试图同时处理几项工作，并且希望以此来加快进度，那么实际上你会拖累自己。同时处理两件事情比一件一件地处理事情要多花30%的时间，出错的概率也会翻番。

既然如此，为什么不放弃一心多用呢？单一任务意味着以线性的方式工作：完成一件事，然后再开始另一件事。如果你把一天的事务梳理清楚，那么完成一天的任务就会变得更加容易。在安排日程表时，为重点工作留出额外的时间段，同时为突发事件留出时间（例如，在上午工作结束时或在午后三点左右时）。

清理你的办公桌，精简你的日程安排，重新启用那种传统的、线性的工作方式，重新认识自己时间的价值，只有这样你才能找准自己的工作节奏，最终收获更清晰、更冷静的思维。

打断别人曾经是不礼貌的行为，但多任务处理已经变得如此司空见惯，以至于人们对被打断这件事情已经做好了准备——不论是在工作中，家庭中，还是在社交生活中。如果我们没有立即回复，人们甚至会感觉受到了冒犯。虽然被打断已成为常态，但打破常规也是可能的。以身作则，让其他人也学会尊重你的时间。

· 对领导的指令做出立即回应看起来是明智的，但一旦形成了固定的回应周期，你就开了个不好的头，并可能进入"四处救火"的工作模式——这显然不能给人以满意的、进展顺利的感觉。因此，与其马上就按要求行动，不如回一个暂缓答复，并告知领导你准备什么时候答复。

· 如果手头有要紧的事必须在线处理，那么每小时安排5分钟时间快速查看收件箱，以应对紧急情况。

不要忽视待办事项清单。请每天晚上把第二天的所有目标写在清单上。一旦这一天开始了，不要再往清单里面添加重要的新事项，使自己偏离轨道。如果有新的事项出现，可以先把它记下来，然后放在一边。除非这件事真的是十万火急。在这种情况下，尽量争取在为突发事件预留的时间内处理掉它。

专注于一
会手忙脚
通向高效
最快途径。

件事就不
乱。这是
生产力的

第15课　最后期限不是世界末日

甲壳虫乐队是流行音乐史上最大的奇迹之一。一次演唱会的时候，来自无数狂热的青少年歌迷的热情追捧让他们难以脱身，正如他们的经典曲目的歌名一样，每周几乎工作8天①。令人惊讶的是，这4个来自利物浦的小伙子仍然能够保持幽默感。更难能可贵的是，他们丝毫没落下经纪人布莱恩·爱泼斯坦（Brian Epstein）和唱片制作人乔治·马丁（George Martin）设计的"征服世界"的工作安排：三个月出一支单曲，一年出两张专辑。

最不可思议的是他们作品的质量。作曲家霍华德·古道尔（Howard Goodall）说："单从作品数量上来说，写很多歌并不是特别困难。数量不是问题。甲壳虫乐队的非

凡之处在于经典曲目众多。"他发现莫扎特是多产的，其次是弗朗茨·舒伯特（Franz Schubert），他创作了大约800首曲子，"其中大约有100首是绝对的天籁之音。之后，必须等待相当长的时间才有可能再出一首经典曲目。"直到甲壳虫乐队的出现，打破了这个纪录，他们在10年内共创作了236首杰出的作品。

甲壳虫乐队是如何达到这一成就的呢？在闲暇时，保罗·麦卡特尼（Paul McCartney）和约翰·列侬（John Lennon）会抱着原声吉他面对面坐在酒店卧室的单人床上，"我们开始一起创作，然后互相弹奏"。制作人马丁抱怨说，他们只写下歌词，所以在进入录音棚之前都必须把整首曲子的旋律记在脑子

最后期限可以为创造力提供捷径：把自己封闭在"认知隧道"里，可以激发创造性思维。

① 甲壳虫乐队曾演唱过一首歌曲，名为《一周八天》（Eight Days A Week）。——编者注

里。尽管这会令制作人十分头疼，但这种创作方式是非常难得的。

但就麦卡特尼而言，这些局限实际上是一种财富。他说："我们的录音安排特别紧凑。一般早上10点进录音棚，调音。然后约翰和我就开始录歌。

从10点半开始到录完一首歌，只要一个半小时。时间非常短，让人不得不全神贯注。这需要很严格的自我要求。"事实证明，这种压力十分高效，可以制作出完美的流行音乐。

甲壳虫乐队疯狂的生活方式让人联想到莫扎特——在两个世纪前的维也纳，另一个靠音乐谋生的年轻人。莫扎特的父亲有一次探望儿子后痛苦地写道："我无法用言语来描述那种忙碌和喧嚣。"他并没有夸其词。1782年，这一年莫扎特创作了30多部作品。根据日程安排，他每天只能在早上7点到9点之间进行创作，其余时间他要去上音乐课程，直到下午5点或6点才能再次开始创作。即使这样，他的创作进程还要经常被音乐会耽搁。如果没有别的事，他会一直创作到晚上9点。之后，莫扎特会去看望他热恋着的康斯坦茨小姐(Constanze)，回来后，从深夜11点开始继续创作到凌晨1点。

莫扎特和甲壳虫乐队的成功证明，最后期限有助于激发创造力。诚然，他们不光在集中的时间里工作，其他时候也在构思旋律，所以零碎的工作时间迫使他们在脑海里不断地演奏未完成的旋律。他们的收获得益于大脑的默认系统(见第14课)——当有意识的注意力集中在某件事情上时，大脑中无意识的部分仍在思考着未完成的任务。当他们需要把音乐写在纸上时，时间的压力会把他们关进一个富有成效的"认知隧道"里，从而迫使他们必须快速决断，没空再来反复修改或左思右想，这使得他们能高效地从一项工作转向另一项工作。

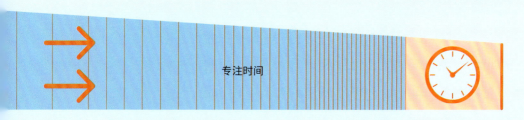

专注时间

灵活运用最后期限来加快节奏

最后期限是一条通往成功的捷径。其不足之处在于，最后期限会引发恐慌，导致人们失去动力和激情，依赖于劣质的、现成的策略，而不是根据手头的任务来针对性地制定策略。因此，重要的是要确保自己做好了充分的准备，拥有正确的方法。这样，当压力来临时，最后期限才能帮助你保持创造力，而不是将你困在无法施展想象力的"认知隧道"里。

当意识到过去的每一秒都无法挽回的时候，我们就会更容易让自己的每一步行动都充满价值。因此，如果你完成一个目标的时间非常有限，可以试试以短时间内突击式的方式来工作。设置一个计时提醒，每25分钟响一次[著名的番茄工作法，由设计者弗朗西斯科·西里罗(Francesco Cirillo)用自己的厨房定时器命名，因为定时器的外形是一个红色塑料番茄]。要保持25分钟以上的注意力集中是很困难的，因此你可以在短暂的休息之后，重新设置计时器，用这个方法可以高效工作4小时。或者你也可以效仿喜欢早起的小说家安东尼·特罗洛普(Anthony Trollope)，他喜欢以15分钟为一个间隔，突击完成工作，每次长达3小时。

系统性的时间压力不仅可以加快决策速度，还能够改善决策质量。斯坦福大学的一项研究发现，计算机公司中，商业战略决策质量最高的，不是那些长时间反复推敲的公司，而是那些能最快达成决策的公司。这个结果似乎出人意料，但事实上它反映了成功企业拥有的系统性的方法。业绩最好的人比行动迟缓的决策者使用了更多的信息来达成决策，先提出范围宽泛的建议，再来

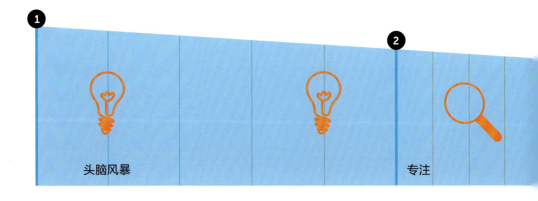

头脑风暴　　　　　　　　　　　　　专注

分析执行这些建议的具体计划。最有成效的人往往最大限度地减少做出决策的数量，将全部精力集中在他们能获得最大收益的地方。换句话说，他们能策略性地实现自己的战略目标。他们的成功事例证明，有时候更少的时间的确能带来更大的产出。

在长期或大型项目中加入的最后期限越多，你的努力就越有针对性。尽可能均匀地分散时间压力，不仅要把一项任务分解成逐步完成的多个阶段，还要为每个阶段设定一个最后期限。例如，笼统的健身目标是无效的，必须将目标与具体的挑战和日期结合起来。例如，在1月1日之前，每天坚持30分钟内跑完5公里。然后，在之后每一天的训练中，设定一个比之前更高的目标。

掌控自己的时间压力，意味着面对近在眼前的最后期限，你将不再是一个胆怯畏缩的人。将最后期限调整到可控的程度，你就能增强自己的信心、意志力，提高成功的概率。

如何更快做出决定？

要想改善决策水平、加快决策进程需注意以下三点：

（1）头脑风暴（在限定的时间内完成）。

（2）专注于关联信息（准备一份检查清单）。

（3）评估决策的标准是看其是否符合更长远的目标。

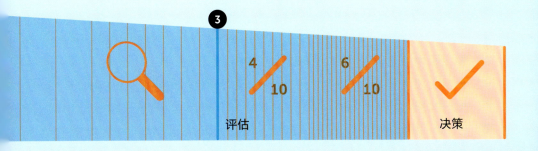

评估　　　　　　　　决策

第16课　一鼓作气，乘势而为

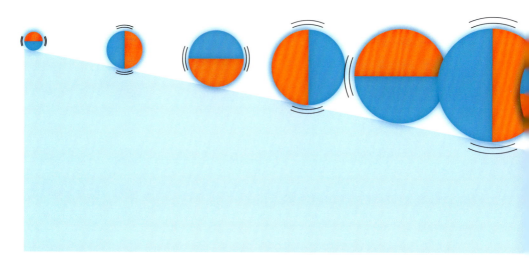

也许你下定决心今天就向老板提出加薪的要求，或者打算要告诉母亲放假你不能陪她两周了。这些事情必须马上处理，刻不容缓。但在这之前，你可能要先查看一下电子邮件，你发现乱七八糟的桌面让你难以集中注意力。刚刚收拾好桌子，又发现居然已经到了午餐时间了。你想了想，还是等会儿再给母亲打电话吧，毕竟人们肚子饿的时候是很难沟通的……糟糕！又到了品尝葡萄酒的时间了。算了，还是明天再说吧……

每个人都知道，"明天"永远不会到来。然而，人们总是只想享受眼前的轻松（拖延困难的工作）而不想去面对困难（开始着手做困难的事）。遗憾的是，时间的推移只会让应对挑战的难度变得越来越大。

意志力专家罗伊·鲍迈斯特（Roy Baumeister）指出："自控力的崩溃以及做出错误决定通常发生在一天中的后半段时间。放弃节食都发生在晚上而不是早上。"这种意志力的衰减被归因于一种称为"自我损耗"的现象。从本质上讲，这意味着当我们迫使自己做不喜欢的事情（或抵制诱惑）时，我们必须动用储备的自我意识。这种精力被耗费后，我们迎接下一个挑战的意志力就大不如前了。

从实践层面上讲，意志力就像肌肉：当肌肉的力量减弱时，你坚持的能力也会减弱。你需要训练肌肉才能获得更多力量。但

是，尽管你可以锻炼自己持续战斗的能力，但养精蓄锐也是明智的，应该把意志力留给真正重要的事情。鲍迈斯特的一项研究发现，一顿美食甚至可以帮助人们将一项难度很大的活动坚持到底，这可能是因为奖励使人的意志力得到恢复，或者是因为人们没有把精力浪费在抵御美食的诱惑上。

尽管意志力的作用时大时小，但同样的努力如果花在特殊的时间段，收获可能更多。美国传教士亨利·沃德·比彻(Henry Ward Beecher)写道："起床后的第一个小时有如一天的'方向盘'。"他的意思是，这一个小时为一天的工作定下了基调。如果每天早上都在混乱中开始，嚷嚷着钥匙找不到了

或面包烧焦了，那么还没等离开家，你一天的好心情就被破坏了。但是，如果你带着温和又不失积极的压力开启一天的工作，对士气的影响就相当于吃了一顿丰盛的早餐，为迎接更大的挑战提供了动力。在开启一天的工作之前，你便鼓足了干劲。

我们很容易低估动量的相关性。尽管动量是一个众所周知的概念，但人们对它的理解却不那么透彻。物理学中的定义最为清晰，动量指的是物体由于运动所具有的能量：物体越重，运动速度越快，其动量越大，停止或转向新的方向就越困难。有三种方法可以使动量最大化：增加物体的质量；提高其速度；减少摩擦和障碍物对它的反作

用力。

物理学定律可以很好地用来解释心理动量。例如，如果我说一场网球比赛中所有的动量都集中在罗杰·费德勒（Roger Federer）身上，我是在描述一种感觉：我最喜欢的球员就要获胜了。虽然每一分都是单独计算的，但是网球比赛也是一场心理战，如果费德勒的对手接连丢分，其求胜心和注意力就会消退。

从根本上说，这条规律适用于我们所有人。如果你能让自己感觉到正在心无旁骛地向目标冲刺，那么你的步伐就会不知不觉地加快。

花费更少的精力，收获更多的动力

你如何利用动量来激励自己的一天？

早晨，当意志力处于巅峰状态时，迅速行动起来，让一天的开始便充满成就感。哪怕像用牙线清理牙齿或整理床铺这样微不足道的行为也是重要的习惯。研究表明，良好的生活习惯能激发生活中完全不相关的领域产生积极变化。因为小而有序的行为能带来积极的期望。

重视能唤醒意志力的事物，当心会削弱意志力的事物，多重复前者，尽量避免后者。积极探索让日常工作变得更加精彩的方法。

增强你的感知力，你会发现工作场所的

什么能重振你的意志力？

六种日常工作中提高效率的方法：

（1）设置挑战：每周找到一种新的方法来完成一项常规任务。

（2）在午餐时间进行锻炼，让你的下午变得精神焕发。

（3）哪些常做的事情会削弱你的意志力？例如，步行穿过画满涂鸦的地下通道，虽然可以少走几步路，但它也许会让你的心情低落。

（4）将琐碎的工作安排在精神不济的时间，例如下午。

（5）休息一下，恢复意志力和注意力。

（6）人是社会性动物，我们需要陪伴就像需要食物提供营养一样。所以尽量和自己喜欢的人一起吃饭。

什么能削弱你的意志力？

拖沓现象比比皆是，各种会议往往是重灾区，平均占用了每天三分之一的时间。开会太过频繁，而且与会者往往太多，而重点突出的议程和干脆麻利的会议主持又难得一见。更糟糕的是，会议使我们无法进行深入的思考，而只有深思熟虑才会产生最有价值的工作成果。对此，解决办法是少开会，只开与工作关系密切的会。

会议的类型很多，但并非都是非开不可的。

> 分享信息或说明情况的会

这类会议往往毫无意义。为什么不用网络或通过电子邮件来传递信息呢？

> 团队建设的会议

最好将团队建设会议安排在一天的最后，以免浪费高效的时间，或恢复曾经很流行的集体午餐，这是一个非常好的社交机会。

> 集思广益、决策和解决问题的会议

为了保证会议效果，最好提前分发材料，并把会议安排在早上，因为这时人们的大脑运转最快。

特斯拉公司的创始人——埃隆·马斯克（Elon Musk）建议说："一旦发现会议或通话并没有为你增加价值，就立即退出。"当然，如果你是老板，做到这一点会更容易一些。但我们需要认真思考会议的意义，考虑会议的实际价值而不是仅仅为了展示业绩。人们不禁要问，如果有更多的公司使用《哈佛商业评论》（Harvard Business Review）的商业会议成本计算器来评估与会者的工资成本，然后从相关部门的预算中扣除，不难想象有多少会议会被取消。

· 事先想一想：这次会议有必要举行吗？我的出席是否至关重要？
· 确保议程是明确的。
· 禁止闲聊。
· 想一种新的开会方式。据传闻，可口可乐公司是站着开会的，以使与会者保持注意力集中。有些公司甚至选择在冷库里开会。禁用手机是不是也能达到类似的效果呢？

工具包

13

就算你是像麦当娜和达·芬奇（Leonardo da Vinci）那样，在人类当中只占1%～3%，每天只睡几个小时也能活的人，那也并不意味着你就是一个能够早起的人。但是，如果你天生就喜欢早起，请利用好早上不被打扰的这几个小时，锻炼身体或追求个人目标。如果你天生起床晚，就为你最想实现的目标留出时间，并利用好你的巅峰时刻，特别是醒来后的前三个小时。

14

当我们同时做太多事情时，会损耗大量的精神能量和时间。因此，要排除干扰，专注于一件事。你会发现，一种线性的、循序渐进的工作方式能使你的头脑变得更加清晰，实现最佳的工作效果。要避免陷入被动应付的循环，引导他人重视你的时间。并且，要在特定的时间做特定的任务，为超时和真正紧急的情况留出应急时间段。

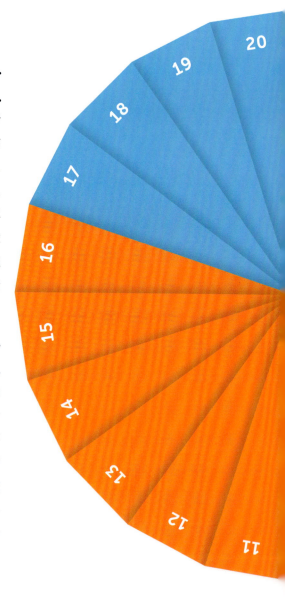

01
02
03
04
05
06
07
08
09
10

15

　　如果甲壳虫乐队的空闲时间很多，那么他们就不会创作出这么多经典的作品。他们的成就表明，尽管最后期限可能令你的生活不堪其扰，但正确地利用最后期限也能让你得心应手地掌控时间压力。利用环环相扣的最后期限来分散压力，充分做好准备工作，将擅长的技能与相应的任务相匹配，最后期限将带你进入富有创造性的、卓有成效的"认知隧道"。

16

　　意志力就像是握在手中的沙粒，你越用力握紧，它就消失得越快。但是，计划好一天的工作，积蓄动量，能让你走向成功。饱含热情地开始每一天，培养成就感，尽量将紧急而复杂的工作安排在早上处理。为了最大限度地减少工作场所的动量消耗，减少会议数量，精简参会人数，杜绝分心和闲聊，将议程安排得尽量紧凑，并采取禁用手机的会议规则。

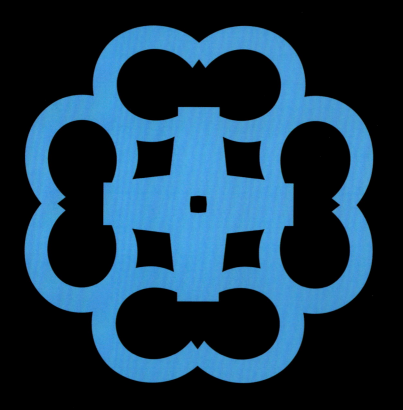

第5章

给你的时间机器换个新的推进器

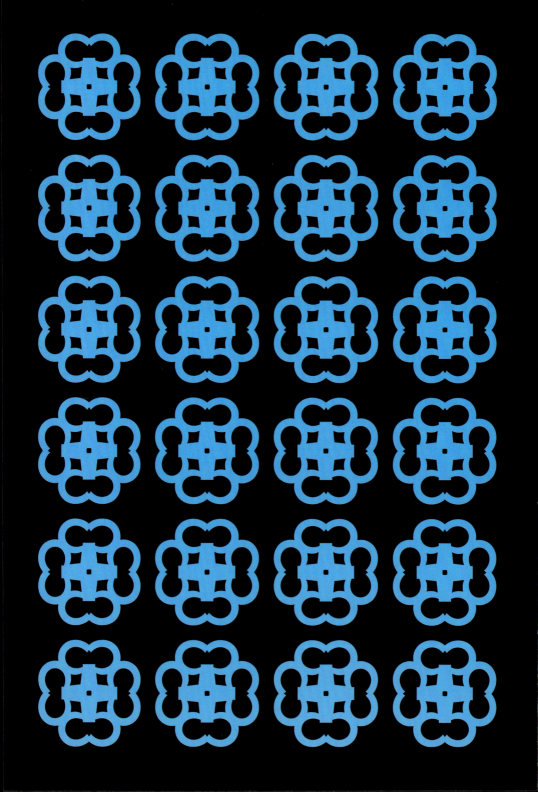

用收益来衡量每一分钟的价值不仅物化了时间，也物化了自己。

我们在时间管理上的问题，通常是指我们没有完成应该完成的工作。但是，我们对于生产力的过度执着往往会让我们事与愿违。

本章探讨了为什么我们应该对二元对立的时间观念提出挑战，即生活中的时间要么是拼命工作、毫无乐趣的，要么是没有收益、自我放纵的。这种观念对我们自身十分不利。事实证明，人们对哪些活动能有助于自己恢复精力和放松身心的理解往往是有偏差的。尽管无论是上网还是在奈飞追剧，人们的眼睛都紧盯着屏幕，但人的大脑无法统计这种不经过任何思考的体验。这就是为什么人们久坐不动地上网或者观影时，感觉不到时间的流逝。与以前的人相比，现在的人对生活的体验感非常淡薄，因为过去的人在生活中会充分运用五种感官，他们对周围环境以及人与人之间的关系，对周围人的接受度也更高的适应力更强。

随着人类文化的变迁，人们的生活越来越多地被孤独的、非身体的活动所占据。并且随着焦虑和孤独感的飙升，对享乐和社交的需求被摆在了首位。第18课会为追求高效生产力的人提供帮助：所有关于自我激励的证据都表明，快乐和拥有感是有效行动的关键。第17课和第19课将探讨如何提升你的感知力和参与感。

把自己想象成一台掌控生命的时间机器。你需要勇气与毅力来实现远大的理想。让快乐、激情和坚持成为自己的推进器，绘制通往目的地的路线图。你所拥有的时间会越来越多，也会收获更多的乐趣，而且一定会取得更多的成就。

第17课　停下来，让工作事半功倍

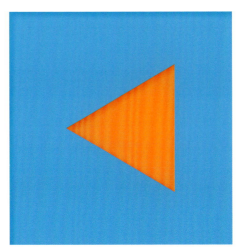

公元321年3月7日，君士坦丁大帝颁布了一项法令，这项法令至今仍然影响着人们的每周。他宣布，从今以后，"太阳日"（Dies Solis）将作为全民的休息日。

休息能抚慰人们的心灵，但它不再完全与宗教相关。礼拜日不营业成为遥远的记忆。一天中曾经的例行休息时间——午餐、下午茶、下班后——都被工作和其他事务挤得满满的。2017年，奈飞公司首席执行官里德·黑斯廷斯（Reed Hastings）宣布，公司的主要竞争对手既不是亚马逊也不是"油管"（YouTube），而是睡眠。

仔细想想这个说法，让人不禁感到愤怒。因为里德的观点代表了全球最强的跨国公司的理念。大企业们正在不遗余力地抢占着人们的时间。一开始他们想要压榨你的上班时间，现在他们又盯上了你的睡眠时间。

人需要休息，这不仅是身体需要，也是心理需要。存留在记忆中的行为和事件，分享生命旅途中的经历让人类可以认识自我。

但是，如果要让你的生活成为值得为人所道的故事，你就需要时不时停下脚步，用休息来调节一天的工作节奏，因为你的经历越与众不同，你的视野就越广阔。

这一点说起来容易做起来难。如果你整天都在忙于处理待办事项，那么马不停蹄地完成每一项事项似乎是理所应当的。全情投入到一件事情中会令人感到愉快。当我埋头工作时，一个小时给人的感觉好像只过去了十分钟，这是工作进展顺利的标志。但是，如果在椅子上坐得太久，那么我可能注意不到，从某一刻起，自己的大脑已经变成了一团糨糊。

这就是为什么我们应该停下来休息，暂

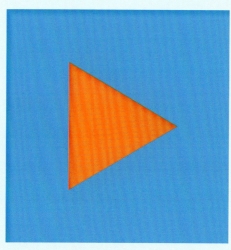

停就像是时间管理的灰姑娘——经常被忽视，但出奇的勤奋和高效。

以色列本·古里安大学的研究人员证明了休息时间的重要性。他们分析了八位以色列假释委员会的法官在十个月内做出的所有裁定，发现他们的模式居然惊人的一致。在早上刚开始工作时，有三分之二的假释申请会得到批准，到了法官们中午吃饭休息时，这一数字几乎骤降至零。无论他们面前的人犯了什么罪，如果法官们饥肠辘辘，脾气暴躁，那么他们就容易引用严厉的法律依据，判犯人入狱。但吃完饭后，法官们的血糖水平恢复正常，脾气就明显变好了，这时他们批准的假释申请差不多与上午一样多，

只是这个比例会在晚餐前再次急剧下降。

对于任何相信人们的行动是受理性支配的人来说，这一研究发现是令人难以接受的。如果连杰出的专业人士都如此变化无常，我们还能有什么指望?

而我则从此项研究中得出了不一样的结论，即时间和健康决定了人们的注意力。记住第16课的要点：人的意志力在一天中的某些时段会减弱。但暂停工作，吃点东西或运动一下，就能让意志力得以恢复，并且能提高人们的决策能力。

所以要重视没有压力的休息时刻。否则，那份内容已经太多的待办事项清单还会变得更长。

你的灰姑娘时刻何时才会出现

休息不仅能使人头脑清醒，还能为时间设定框架。例如，如果你在早晨开始时便想到中午你必须放下工具出去遛狗，那么在这之前的每一分钟就变得紧迫且更有价值。这种时间的结构感促使你不断前进。

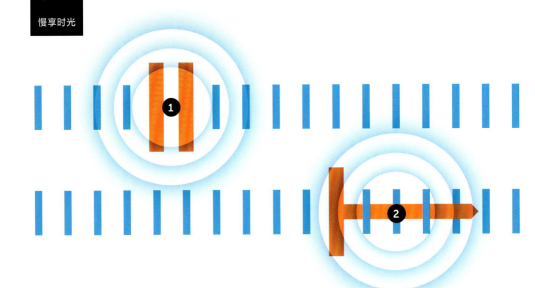

不要低估休息本身的作用。等待水壶烧开的那三分钟为你提供了片刻的安静时间，你的思维可以放松，冒出一些稀奇古怪的想法。你有多少次这样的经历：从一项困难的任务中抽身出来，去跑步或洗碗，结果一个聪明的点子在不经意间就冒了出来。这些灵感看似偶然，但实际上是大脑的默认系统经不懈努力生产出来的，这个系统一直都在加班加点地处理着未完成的工作。出于这个原因，许多伟大的艺术家和思想家，从托马斯·霍布斯（Thomas Hobbes）[①]到贝多芬，从康德到爱因斯坦，每天都坚持散步。俄国作曲家柴可夫斯基经常上午作曲，午饭后到乡间远足，其间偶然会想到新的旋律，因此，他的外套里永远塞着一本笔记本以备不时之需。

梳理你的日常工作，找出被忽视的灰姑娘时刻。问问自己以下问题。

（1）当你想要转换工作节奏时，最喜欢做的事情是什么？

（2）你从一个阶段过渡到下一个阶段往往是在什么时候？

（3）什么时候你会自然地想要休息？

（4）是否有足够多的平静时刻，你是否会在这期间安排其他的活动？

（5）你会不会更多地利用短暂休息时间来调节自己的情绪并提升动力？

因此，请关注那些能让你变换工作节奏的小习惯。每天坚持这些习惯，让它们成为每日必做的事情，不要因为任何其他事情而改变这些习惯。比如，早上静坐，洗个"空气浴"，对政治家和思想家本杰明·富

---

① 托马斯·霍布斯，英国政治家、哲学家。——编者注

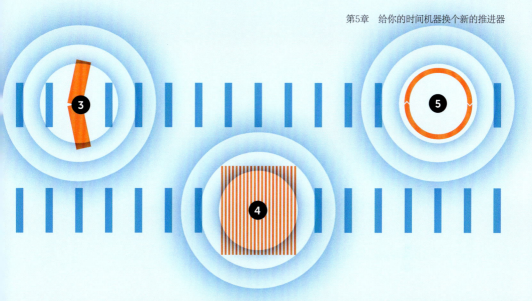

兰克林(Benjamin Franklin)就有奇效。画家胡安·米罗(Joan Miró)通过每天打拳击来对抗抑郁症。作曲家肖斯塔科维奇(Shostakovich)喜欢与朋友们一起踢足球，每有聚会必会参加，而且他总能在截止日期前完成任务。

寻找让生活变得更简单的方法。我一个好朋友的早上总是十分忙乱，先要照顾孩子穿好衣服，吃好早餐，将他们送出家门，然后自己再把同样的事情重复一遍。但上班的路上，她总是会停下来，在咖啡馆里看十分钟的书，什么书都行，只要不和工作相关。她说，这种节奏的改变让她重新获得了对时间的所有权，这对她的心理健康至关重要。

当我们睡觉时，大脑会巩固学习成果，将其存入我们的长期记忆中(保证充足睡眠的原因，特别是在考试前)。因此，当心存疑虑或面临问题时，可以打个盹。如果做不到，找一个安静的地方闭目养神也行。或者效仿杰出的聋哑数学家凯萨琳·奥利伦肖夫人(Dame Kathleen Ollerenshaw)，当遇到一个难以解决的方程时，把它写在纸条上，然后在睡前放在枕头下。第二天醒来的时候，她总是能找到解决方案。

第18课　乐趣让工作更出色

今天我想做什么?

这或许是人们清晨醒来时想到的第一个问题。我们中的大多数人每天都在被责任心驱使,工作是职责所需而非内心渴望。但是,如果工作给人的感觉像是一种爱好的话,那么早上起床就不会那么痛苦了。

作家帕特里夏·海史密斯(Patricia Highsmith)是"工作即乐趣"理念的主要倡导者。她用一种十分慵懒的习惯来酝酿工作情绪:她会舒舒服服地蜷缩在床上,旁边摆着甜甜圈、咖啡杯和香烟,直到写作的欲望强烈到不可抗拒,她才起床工作。她称这是在创造一个"自己的子宫"——这是对弗吉尼亚·伍尔夫(Virginia Woolf)名言的一种双关,即每个女作家都需要一间"自己的房间"。

懒散只是表象。海史密斯对工作异常认真,这才是她生活的核心关注点。她对工作假装的漫不经心显示了她对人类工作动机的深刻理解。虽然她的方法可能不如你想象的那么有趣,也不符合任何工作场所的健康和安全要求,但这种方法成功地让她进入了一种有趣的、无压力的精神状态。因为没

有了被迫感,所以开始工作就不会损耗意志力,她的时间和思想因此更加自由。

怎样才能把工作改造得和爱好类似呢?首先,什么是爱好? 长时间地盯着水面,等待鱼儿上钩,可能是你的理想状态,但对我来说却如同地狱。这正是问题所在:爱好可以是任何你想做的事。就像丘吉尔的爱好是砌砖垒墙一样。人们所追求的各种疯狂的、无聊的休闲消遣的唯一共同特点是:这是每个人自己的选择。有些爱好还带来了意想不到的好处,例如与志同道合的人交往。但乐趣是爱好的主要回报。爱好是自发性的,其目的本身就是获得快乐。

毁掉爱好的最快方法是物质奖励。正如丹尼尔·平克(Daniel Pink)在关于激励方面的巨著《驱动力》(Drive)中指出的,每一种类型的二次激励——从因失败可能遭受的惩罚到与绩效相关的大笔奖金——都有一个即时效果:将一种游戏性活动转变成了工作。为什么? 因为奖励、贿赂和威胁都传递了一种微妙而又准确无误的信息:你正在做的事情只有在被奖励、贿赂或威胁的情况下才有价值。

奖励把爱好变成了一件苦差事。

　　《驱动力》一书指导性的论点是，我们应该享受时间，而不是纠结于生产力。因此，快乐有利于提高生产力的主张可能显得有点缺乏依据，同时也违背了经济规律。这也许解释了为什么尽管有越来越多的证据表明我们关于激励的一切观念都是错误的，心理学家却花了几十年的时间才接受了这一观点。1999年的一项研究分析了128个实验并得出结论："物质的奖励往往对内在动机有极大的负面影响。"

　　请所有希望孩子能主动、自愿地完成家庭作业的父母们注意，当你使用了工作加奖励的模式（即强制的、外在的激励），你就剥夺了一项任务的内在吸引力，耗尽了孩子想要提高的动力。虽然，承诺的"棒棒糖"能帮助我们在短期内坚持完成任务，但从长远来看，它们会削弱我们在任务中感受愉悦的能力。如果激励让我们专注于还要多久才能完成任务并拿到棒棒糖，那么时间就会让人感到缓慢而沉闷。

重塑工作，激发动力

如果爱好本身不该以物质为回报，那么样才能让工作变得和爱好一样呢? 难道要放弃自己的薪水吗? 这是不可能的。

然而，你可以尝试以不同的方式来构建工作框架，增强关键的激励因素：自主性、创造性和主人翁意识。

· 第一，最简单但也许也是最难付诸实践的想法——热爱你正在做的事情。根据米哈里·契克森米哈的说法，如果我们的感觉、愿望和思考是和谐统一的，那么就更容易进入那种美妙的、忘我的最佳工作状态，即心流。这种高效的精神状态是米哈里的首创。因此，对你所承担的工作要有选择。考虑如何将工作与目标、兴趣和价值观相统一。如果做不到这一点的话，再看看能不能把工作与自己的优先事项更紧密地结合起来。

· 第二，规划任务以提高你的主人翁意识。如果你有很强的内在控制力，即觉得自己的行动能决定自己的命运，那么你往往会更加主动积极，更有胆识。当士兵有权决定如何实现战斗目标时，他们的表现最好。因此，如果你的老板是一个事无巨细的军士长类型的人，那么你就应该行使管理职责：提出他喜欢的解决方案，但解决的路径要设计得越细致越好。

①

清晰的目标

仔细审视物质奖励的负面影响，不难发现问题出在其消耗了我们的意志力上。它使我们害怕错过或失败，这抑制了我们的热情、冒险精神和创造力。例如，斯坦福大学 Bing 幼儿园的一项研究发现，当小孩子在画画时，如果是为了好玩，他们会很有创造性。但如果告诉他们画得好会收到一张优秀奖励卡和一颗金星，那么他们会对绘画失去热情，因为他们越来越害怕自己的作品达不到要求。针对成年人做数学题的研究也得到了类似的结果，当人们认为自己只是在做着玩时，他们的表现和毅力都更强。

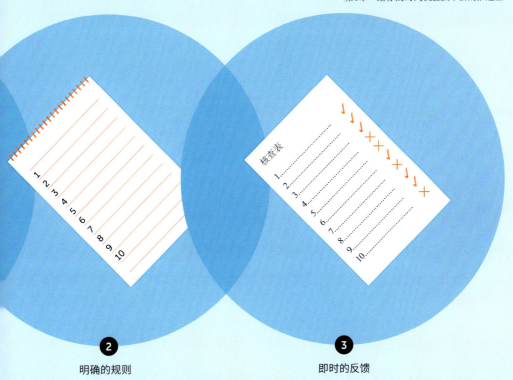

2

明确的规则

3

即时的反馈

让工作更容易进入心流状态

当从事一项难度略微超出我们能力的活动时，如果我们能进入心流状态，那么结果就是我们的潜力得以发挥，并因此提高了我们的技能水平，使自己更深入地投入其中。为了引导你在工作中进入心流状态，你需要具备以下几点：

（1）清晰的目标。

（2）明确的规则（明确成功和失败的判断标准）。

（3）即时的反馈（判断你是否达到规定标准的方法）。

有意义
让日常
为长期
服务。

地生活。

的选择

的目标

第19课　专注当下

1844年4月，亨利·戴维·梭罗（Henry David Thoreau）和一个朋友意外地引发了一场大火，烧毁了马萨诸塞州瓦尔登300英亩（1英亩≈4046.86平方米）的森林。这场火灾让这位躁动不安的作家开始重新审视自己的生活，次年他在森林中建造了一座木屋，并独自在那里"刻意生活"了两年。他在《瓦尔登湖》（Walden）一书中分享了他的发现。

你必须活在当下，把握每一个机会，在每分每秒中找到自己的永恒。愚人站在他们的机会之岛上，却望向另一片土地。没有其他的土地。除了当下这种生活，没有别的生活。

我相信你有太多的事情要做，不可能像梭罗一样进入森林去冥想自身的存在。然而，人们很容易忽视这样一个事实，即每一天都是由无数短暂的此时此刻串成的，活着的每分每秒都转瞬即逝，无法追回。坦率地说，无视时间的流逝可能会使人比较安

心，你可以梦想你的未来，思考你的过去，并且想象一下人们的生活，就像带有倒带和快进按钮的遥控器一样。而如果你相信人们只能生活在当下，那么生命似乎确实很短。事实上，大约只有三秒的时间——神经科学家恩斯特·波佩尔（Ernst Pöppel）将其定义为"主观现在的窗口"（window of the subject present）。

三秒是人的意识对周围发生的事情有一个丰富、详细的认识所需的时间，之后人的短期记忆会重新集中在一个新的"现在"上。此时，前一个"现在"已经无可挽回地成为过去，人的大脑会将细节存入长期记忆，而更多时候，大脑会选择将其忘掉。

按理说，忘掉每个瞬间的细节信息是人的大脑开的善意玩笑。如果大脑记住每一个细节，人们将如何应付如此多的信息？此外，能够专注于当下可以带来无数的好处。

人类并不是天生就能做到密切地关注

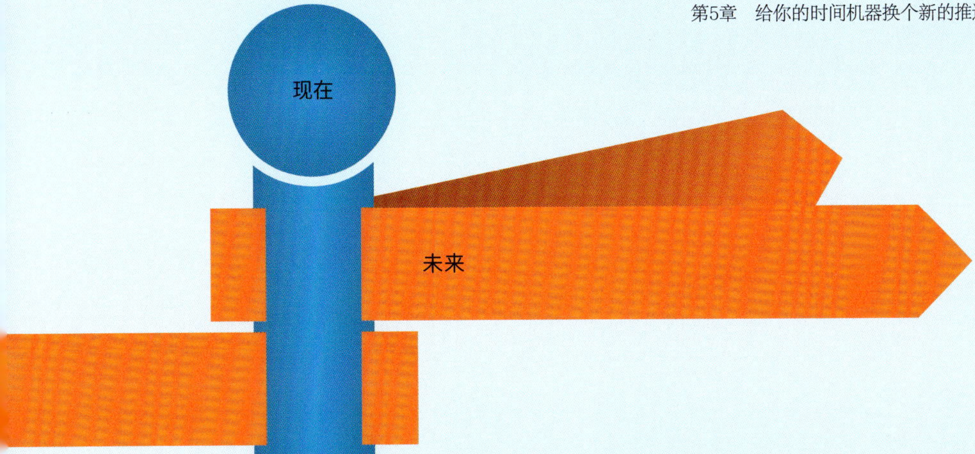

现在

未来

某一个点。当其他动物能够专注于此时此刻的时候，人类思绪游离的特质意味着人们在46.9%的时间里心思都不在正在做的事情上。这一统计数字来自哈佛大学心理学家马修·基林斯沃斯（Matthew Killingsworth）和丹尼尔·吉尔伯特（Daniel Gilbert）在2010年进行了一项研究，他们用一个苹果智能手机的应用程序收集了2250名志愿者的实时想法和感受，随机询问他们现在的高兴程度，在做什么，在想什么。他们收集了25万个数据，得出的结论是，尽管人类东一下西一下的思维是有用的，而且是人类这个物种成功的决定性因素，但注意力集中才是健康的关键。"人类的思想是没有目标的思想，而没有目标的思想是不幸福的。思考未发生的事情的能力是一种认知上的成就，但是以情感为代价的。"

他们还有一些令人震惊的发现：人们感到最快乐的时候不是在做特定的事情的时候，甚至不是在思考快乐事情的时候，而是我们的心思全部放在我们正在做的事情上的时候。这一发现的影响是深远的。这意味着，躺在天堂岛的日光躺椅上可能还不如熨衣服那么令人愉快，因为熨衣服需要全神贯注。这也解释了为什么烹饪、做手工、参加体育活动和玩游戏等需要集中注意力的活动会令人感到心满意足。正因如此，如今正念练习才得以疯狂流行。

如何活在当下

根据世界卫生组织的数据，到2030年，抑郁症将成为致残的第一大诱因。幸运的是，我们还有方法来改善我们的心灵家园。

马萨诸塞大学医学院减压门诊创办人乔恩·卡巴金（Jon Kabat-Zinn）教授在推广正念方面居功至伟，他在1990年将正念定义为"当我们把注意力有意地、不加评判地放在当下的时候所产生和涌现的那份觉知：有意的关注、不加评判的态度、理解当下"。

正念的好处可以通过对新练习者的脑部扫描清楚看到。八周后，负责集中注意力

的关键神经区域的脑血流增加，组织密度增高。更令人惊讶的是，正念训练可以对人的情绪设定点——核心幸福程度产生持久的改变。这一发现是具有启示意义的。以前人们认为，我们要么天生快乐，要么天生忧郁，没有什么可以改变这种基本的情绪状态。虽然大喜或大悲的事件，如彩票中奖或失去亲人，会使我们的情绪偏向某一边，但最终我们会恢复到之前的情绪状态。但是正念会产生持久的情绪转变，这表明我们可以通过小而实际的步骤来提升愉悦感和增强复原力。

即便不能在瓦尔登森林休养两年，你也可以在享受现代世界的舒适的同时更有意义地生活。梭罗的概念被子弹笔记的发明者赖德·卡罗尔（Ryder Carroll）重新阐释，他敦促我们"过一种有意识的生活"，在这种生活中，我们的行动有意识地与我们的愿望保持

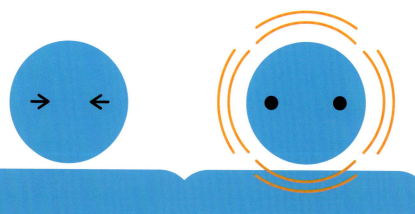

一致。

　　有许多方法可以将这种有意识的方法纳入你的日常工作中。回想一下之前所学的课程，包括加快速度和节奏；安排和规划时间；设定时间压力；与你的生物钟保持一致；排除杂念；恢复意志力；为自发性和乐趣创造空间。不断分析你的目的，反思你的日常选择是否与你的目标相符合。

　　如果你想要磨炼意志提升能力，可以试试以下方法：

　　> 报名参加一个正念课程

　　> 购买并使用冥想应用程序或子弹笔记

　　> 尝试锻炼，如瑜伽

　　任何时间、任何地点都可以练习正念，在公交车上、刷牙时、工作时（尽管你可能看起来像睡着了）。根据埃克塞特大学和南安普顿情绪障碍中心的凯瑟琳·韦尔（Katherine Weare）教授的说法，最简单的做法是暂时停下你正在做的事情，将注意力集中在感官的感受上。两分钟后，你的呼吸会变慢，你的副交感神经系统会启动，你会变得神清气爽和心平气和，准备好迎接下一个时刻。

　　正念练习的四个步骤：

　　（1）闭上双眼。

　　（2）注意身体的感觉——踩在地板上的脚，坐在椅子上的屁股，听到的声音。

　　（3）专注于呼吸：关注你的腹部和胸部的起伏，鼻孔里的气流。

　　（4）注意你的想法。当思绪游离时，接受它，然后将注意力转向你的呼吸。

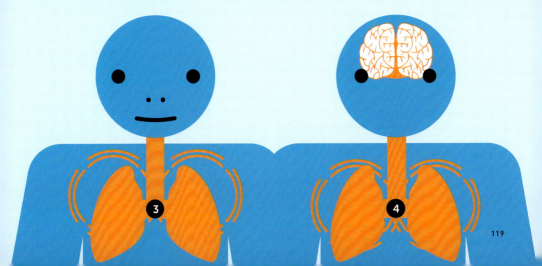

第20课 掌握精神时间旅行技能

在发达国家的大多数城市漫步，你会发现几乎所有公共空间都利用时间管理技术进行了巧妙设计，为的是简化流程。从交通信号灯，到为了让人能快速、不假思索地消费而设计的感应式支付设备，再到安装在购物中心角落的自动扶梯，其目的是让你在途中能尽可能多地路过零售门店，这样就能在你注意力分散的时候，被店内商品吸引，从而引导你走进商店。

然而，我们并不是无意识的消费者。我们每个人都有一种非凡的天赋，即有目的地度过时间。有时，这种能力似乎没什么用，特别是考虑到当我们的注意力集中在"当下"时，我们是最快乐的。然而，我们的思想又有无限的破坏能力，可以超越我们现实的状况。我们可以想象出新的、更大或更好的东西，并将其变为现实。我们可以跨越遥远的距离，计划战斗，建造壁垒等。这就是为什么与30万年前第一批现代人生活的地球相比，今天地球的面貌几乎已经彻底改变了。

虽然我们都像是穿越时空的时间机器，但每个人都有一个不同的推进器。一些人专注于现在，随波逐流，另一些人则被过去的感情拖累，但大多数人是由多种因素共同驱动的。关注影响你的因素，这样你就可以极大地改变自己的处境，因为正如第11课所讨论的，你的时间观会扭曲你对未来生活的展望。面向未来的人，即那些懂得储蓄、善于计划，能为了长远利益而放弃短期快乐的人，往往活得更长、更富有、更健康。大脑扫描结果显示，与冲动型的人相比，面向未来的人对未来的自己抱有更美好的期待。冲动型的人很难拥有这样的想象力，尽管自己有一天会变得老态龙钟，但他们对此并不会心生怜悯，他们对待自己就如同对待一个陌生人一样。

因此，如果你想让你的生活面向未来，就练习你的超前思维。请注意，无论是面向未来还是过去，精神上的时间旅行都可以使生活变得更好。对于成功的商人大卫·阿莱恩斯（David Alliance）来说，回忆过去提供的不仅仅是一个避难所。阿莱恩斯从14岁起就在伊朗德黑兰的大巴扎做买卖。1950年，年满18岁的他怀揣14英镑飞往英国曼彻斯特。在那里，他曾建立了欧洲最大的纺织企业之一 Coats Viyella。但随着年龄的增长，时间的流逝开始令其感到痛苦。

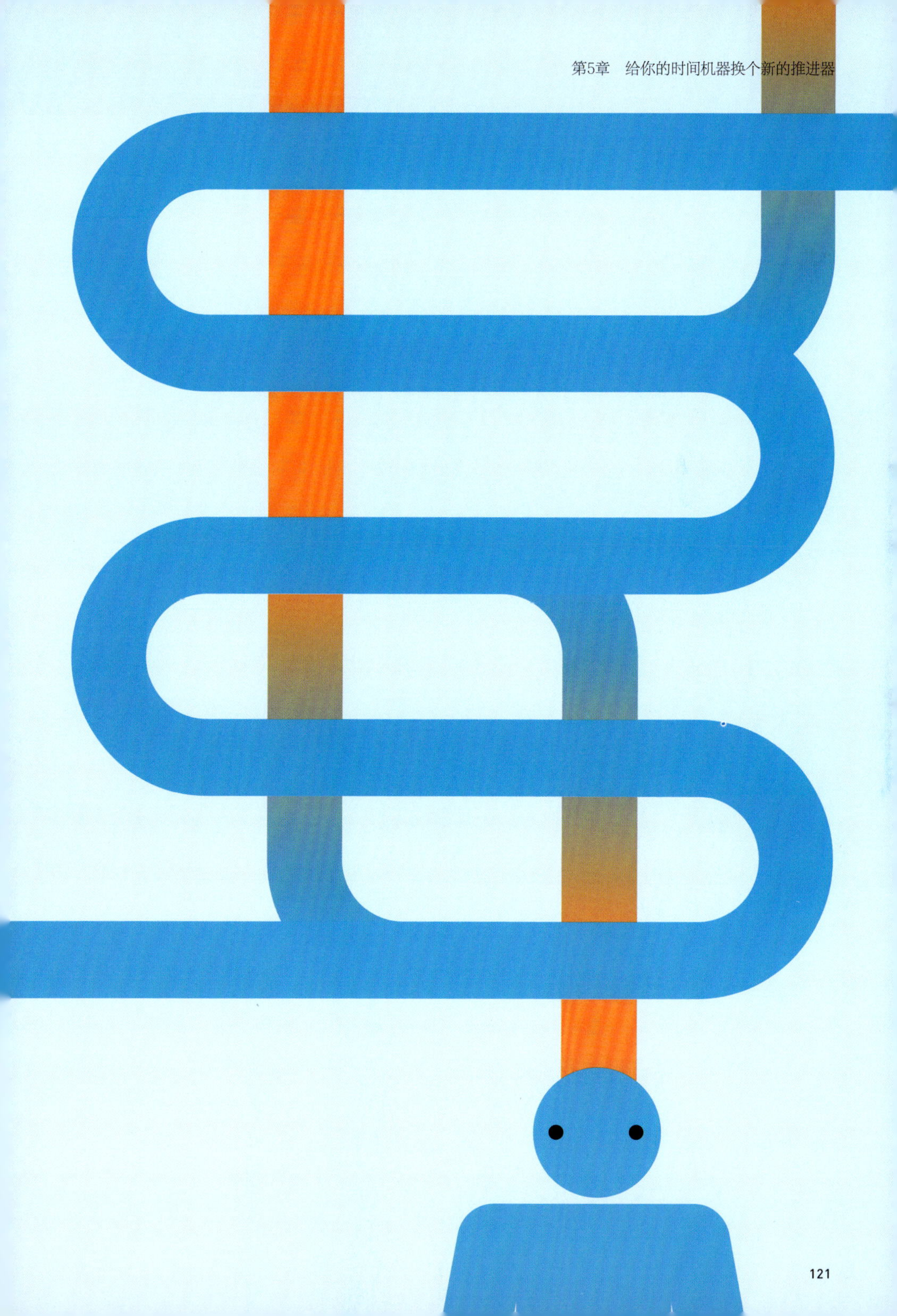

"当我忙了一天感到筋疲力尽时，我会闭上眼睛，想象自己再次成为卡尚[①]的一个小男孩。太阳直射进我家的院子里……有时它晒得我满头大汗。我的父亲和姐妹们都在，家里有爱，有笑声，有安全感。当我睁开眼睛时，我又回到了曼彻斯特的办公室里，但却感觉神清气爽、精力充沛，可以继续完成手头上的工作。甚至在董事会会议上我也这样做过，没有人知道我刚刚经历的旅程，也没有人理解我为什么能如此迅速地恢复精力。"

加强你的时间机器的推进器

你可以提升精神时间旅行的技能。体育冠军们说明了视觉化如何帮助他们取得成功。例如，在1992年奥运会的赛前训练中，400米跨栏运动员莎丽·干奈尔（Sally Gunnell）不断重复地想象自己获胜的情景，在精神上经历了完美的比赛，想象自己像羚羊一样跳跃、奔跑，最终她获得了金牌。同样，当英国队最年轻的球员——25岁的霍莉·韦伯（Holly Webb）在2016年奥运会女子曲棍球决赛中站出来主罚决定性的点球时，她清楚接下来的一击意味着英国的首次胜利或最大的失败。她注视着门将，挥动曲棍球杆，然后球进了。

事后她说："我看着球进了网，然后就不记得后来的事情了。球队进行过无数次的罚球练习，我尽力想象自己是在比沙姆修道院进行着一次日常训练。"

通过告诉自己这不过是一件普通的事情，是一系列类似情景的最近一次再现，韦伯消除了这一时刻的压力，最终让自己取得非凡成功。

训练将事物在大脑中形象化并成为一种习惯，将会为个人带来很大的价值。想象的画面越清晰，细节越具体，就越有可能让梦想照进现实，有如命中注定一般。如果你非常精于此道，那它就不仅是一种方法，还会成为一种生活态度。

---

① 卡尚是伊朗中部城市。——编者注

制定目标清单

为什么一定要等到1月1日呢？现在就开始制定你的目标清单：

（1）确定四个方面的目标：工作、关系、健康和心灵。

（2）在一年内实现目标需要完成哪些步骤？

（3）将步骤拆解为季度目标，再将季度目标拆解为月度目标。最后，将月度目标拆解为每周的行动计划。

（4）确定每周行动的具体时间。

（5）将以上计划写在日记本上。

（6）每个月检查你的计划。是否如期完成了当月计划？是否需要调整？应该加快速度还是放慢速度？

在实现目标的路程中，记得选择一条风景优美的路线，它能让结果更完美、更持久。

我们需要将时间分类为：快节奏的、慢节奏的、用于反思的、用于享乐的，这样才能让生活变得充实。当我们感觉到自己掌握着人生旅程的方向时，就能体会到生活的最大乐趣。希望为梦想提供前进的动力，所以，让希望成为你的推进器。你能看到自己的心之所向吗？趁着大好时光，现在就画下你的理想蓝图吧。

工具包

17

　　停下脚步休息很容易被忽视，但对我们的注意力至关重要。休息会使时间变得紧迫，也可以为你的思维提供一个机会，让你能跟进问题并找到答案。因此，分析你的一天，找出效率最高的黄金时刻，以及可以改变节奏的休息活动和小习惯，尽量增加它们的时长和频率。打个盹，之后你会表现得更好。

18

　　我们期待获得报酬和奖品作为激励，但为了爱好和乐趣而做事的内在动机要强大得多。让工作变得像爱好，这似乎有点乐观主义，但可以提高你的主人翁意识。规划任务，并对其进行精心设计，会使你不断获取新知。你规划任务的方式是否有助于提升技能？你是否目标明确？你用什么作为衡量成功的标准？

19

　　今天的世界是一个关注当下的世界，技术的发展促使我们满足不断出现的新要求，不断地分散我们的注意力，使我们感到无比焦虑。遗憾的是，人们对幸福的理解有误。研究显示，人们的心思都集中在正在做的事情上时是最幸福的时刻。你可以通过正念练习和更谨慎的日常选择来提升自己的幸福感，让你的生活更加有意义。训练自己的感官在某一时刻处于平静状态。暂停一切，感受呼吸。

20

　　未来，个体可能会拥有更多的财富和更强壮的体魄。这提醒我们，虽然眼前的快乐让人陶醉，但如果不考虑长远利益，就会适得其反。培养自己精神时间旅行的技能，利用快乐的回忆来提高你的情绪，并想象你想实现的目标。不光是工作中的目标，还有心灵上、社交上和健康上的目标。拟定详细的计划，绘制路线图，你就会梦想成真。

参考阅读

《影响力》(*Influence*) 罗伯特·西奥迪尼 (Robert Cialdini)(哈珀商业出版社, 2007 年)

《越来越快》(*Faster*) 詹姆斯·格雷克 (James Gleick)(Abacus 出版社, 2000 年)

《赢回专注力》(*Driven to Distraction at Work*)，爱德华·M. 哈洛韦尔(Edward M. Hallowell)(哈佛商业评论出版社, 2015 年)。

《思考, 快与慢》(*Thinking, Fast and Slow*)，丹尼尔·卡尼曼(Daniel Kahneman)(企鹅出版社, 2012 年)。

《棉花糖实验》(*The Marshmallow Test*)，沃尔特·米歇尔(Walter Mischel)(利特尔 & 布朗出版社, 2014 年)。

《欲罢不能: 刷屏时代如何摆脱行为上瘾》(*Irresistible: The Rise of Addictive Technology and the Business of Keeping Us Hooked*)，亚当·奥尔特(Adam Alter)(企鹅出版社, 2017年)。

《望着我》(*Look at Me, Comme une image*)

《习惯的力量》(*The Power of Habit*)，查尔斯·都希格(Charles Duhigg)(威廉·海涅曼出版社, 2012 年)。

《时间的悖论》(*The Time Paradox*)，菲利普·津巴多(Philip Zimbardo)，约翰·博伊德(John Boyd)(Rider 出版社, 2010 年)。

《意志力》(*Willpower*)，罗伊·鲍迈斯特(Roy Baumeister) 和约翰·蒂尔尼(John Tierney)(企鹅出版社, 2012 年)。

《设计幸福》(*Happiness By Design*)，保罗·多兰(Paul Dolan)(企鹅出版社, 2014年)。

《坚毅: 释放激情与坚持的力量》(*Grit: The Power of Passion and Perseverance*)，安杰拉·达克沃斯(Angela Duckworth)(Vermilion 出版社, 2016年)。

《匠人》(*The Craftsman*)，理查德·桑内特(Richard Sennett)(企鹅出版社, 2009年)。

《工作简化术》(*Work Simply*)，卡森·泰特(Carson Tate)(Portfolio 出版社, 2015年)。

《发现心流》(*Finding Flow*)，米哈里·契克森米哈赖(Mihaly Csikszentmihalyi)(巴西克出版社, 1997年)。

《创作者的一天》(*Daily Rituals*)，梅

森·库里（Mason Currey）（Picador 出版社，2013年）。

《科学休息：迅速恢复精力的高效休息法》（*Rest: Why You Get More Done When You Work Less*），亚历克斯·索勇一金·庞（Alex Soojung-kim Pang）（巴西克出版社，2016年）。

《驱动力》（*Drive*），丹尼尔·平克（Daniel Pink）（坎农格特出版社，2011年）。

参考文献

Ainslie, George, *Picoeconomics* (Cambridge: CUP, 1992)

Alexander, Bethan *et al,* 'Multi-Sensory Fashion Retail Experiences', *Handbook of Research on Global Fashion Management and Merchandising* (London: IGI Global, 2016)

Alliance, David and Ivan Fallon, *A Bazaar Life* (London: Robson Press, 2015)

Andreou, Chrisoula *et al,* eds., *The Thief of Time,* (Oxford: OUP, 2010)

Arstila, Valtteri and Dan Lloud, *eds., Subjective Time* (Cambridge: MIT Press, 2014)

Bar-Haim, Yair *et al,* 'When time slows down', *Cognition and Emotion,* 24 (2010)

Baumeister, Roy and John Tierney, *Willpower* (London: Penguin, 2012)

Beaman, C.P., Hanczakowski, M. and Jones, D.M., 'The effects of distraction on metacognition and metacognition on distraction: evidence from recognition memory', *Frontiers in Psychology* 5 (2014)

Beaumont, J. & Lofts, H, 'Measuring National Well-being – Health, 2013' *Office for National Statistics* http://www.ons.gov.uk/ons/dcp171766_310300.pdf

Boice, Robert, 'Quick Starters: New Faculty Who Succeed', *New Directions for Teaching and Learning* 48 (1991)

Boroditsky, Lera, 'Metaphoric Structuring: Understanding Time through Spatial Metaphors', *Cognition,* 75 (2000)

Bosker, Bianca, 'Facebook Now Takes Up About As Much of Our Time as Grooming or Chores', *Huffington Post,* 23 July 2014

Brooks, K. *et al,* 'Enhancing sports performance through the use of music', *Journal of Exercise Physiology,* 13 (2010)

Buckley, Ralf, 'Slow time perception can be learned', *Frontiers in Psychology,* 5 (2014)

Burgess, Helen J., 'Evening ambient light exposure can reduce circadian phase advances to morning light independent of sleep deprivation', *Journal of Sleep Research,* 22 (2013)

Burkeman, Oliver, 'Goals to Achieve? Will Telling Others Help?', *Guardian,* 27 June 2009

Burton, C.M. *et al,* 'The Health Benefits of Writing about Intensely Positive Experiences', *Journal of*

Research in Personality, 38 (2004)

Carskadon, M.A. *et al,* 'Regulation of adolescent sleep: implications for behavior', *Annals of the New York Academy of Sciences,* 1021 (2004)

Chatfield, Tom, *How to Thrive in the Digital Age* (London: Macmillan, 2012)

Chui, Michael *et al, The Social Economy,* McKinsey Global Institute (July 2012)

Cialdini, Robert, *Influence* (London: HarperBusiness, 2007)

Colvile, Robert, *The Great Acceleration* (London: Bloomsbury, 2016)

Csikszentmihalyi, Mihaly, *Finding Flow* (New York: Basic Books, 1997)

Currey, Mason, *Daily Rituals* (London: Picador, 2013)

Danziger, Shai *et al,* 'Extraneous factors in judicial decisions', *PNAS,* 108 (2011)

Darley, J.M. *et al,* '"From Jerusalem to Jericho": A Study of Situational and Dispositional Variables in Helping Behaviour', *Journal of Personality and Social Psychology,* 27 (1973)

DeVoe, S.E. *et al,* 'Time is tight: how higher economic value of time increases feelings of time pressure', *Journal of Applied Psychology,* 96 (2011)

DeVoe, S.E. *et al,* 'Time, money, and happiness: how does putting a price on time affect our ability to smell the roses?', *Journal of Experimental Social Psychology,* 48 (2012)

Dill, Kathryn, 'You're Probably Checking Your Work Email On Vacation – But You Shouldn't Be, Study Shows', *forbes.com,* 17 June 2014

Dolan, Paul, *Happiness By Design* (London: Penguin, 2014)

Draaisma, D., *Why Life Speeds Up As You Get Older* (Cambridge: CUP, 2006)

Duhigg, Charles, *Smarter, Faster, Better* (London: William Heinemann, 2016);

Eastman, Charmane I. *et al.,* 'How to Travel the World Without Jet lag', *Sleep Medicine Clinics,* 4 (2009)

Eisenhardt, Kathleen M., 'Making fast strategic decisions in high-velocity environments', *Academy of Management Journal,* 32 (1989)

Emmons, R.A. *et al,* 'Counting Blessings Versus Burdens', *Journal of Personality and Social Psychology,* 84 (2003)

Epicurus, trans. Strodach, John K., *The Art of Happiness* (London: Penguin Classics, 2013)

Finn, Adharanand, 'Does music help you to run faster?', *Guardian,* 22 April 2012

Fleming, Amy, 'Screen Time v. Play Time', *Guardian,* 23 May 2015

Fonken, Laura K. *et al.,* 'Influence of light at night on murine anxiety- and depressive-like responses', *Behavioural Brain Research,* 205 (2009)

Forman, Helen, 'Events and children's sense of time: a perspective on the origins of everyday time-keeping', *Frontiers in Psychology,* 6 (2015);

Friedman, W.J. *et al,* 'Aging and the speed of time', *Acta Psychologica,* 134 (June 2010)

Glei, Jocelyn K., editor, *Manage Your Day-to-Day: Build Your Routine, Find Your Focus, and Sharpen Your Creative Mind* (Amazon Publishing: 2013)

Gleick, James, *Faster* (London: Abacus, 2000)

Griffiths, Jay, *Pip Pip: A Sideways Look at Time* (London: Flamingo, 2000)

Gross, Richard, *Being Human* (London: Routledge, 2012)

Hafner, Marco and Wendy M. Troxel, 'Americans don't sleep enough, and it's costing us $411 billion', *Washington Post,* 30 November 2016

Hallowell, Edward M., *Driven to Distraction at Work* (Brighton: Harvard Business Review Press, 2015)

Halpern, David, *Inside the Nudge Unit* (London: W.H. Allen, 2015)

Hammond, Claudia, *Time Warped* (Edinburgh: Canongate, 2013)

Hanh, Thich Nhat, *The Path of Emancipation* (Berkeley: Parallax, 2000)

Hart-Davis, Adam, *The Book of Time* (London: Mitchell Beazley, 2011)

Hern, Alex, 'Netflix's Biggest Competitor? Sleep', *Guardian,* 18 April 2017

Hochschild, Arlie, *The Time Bind* (New York: Metropolitan Books, 1997)

Hochschild, Arlie *et al, The Second Shift* (New York: Avon Books, 1990)

Humphrey, Nicholas, *Seeing Red* (Cambridge: Harvard University Press, 2008)

Jenkins, Allan, *Morning: How to Make Time. A Manifesto* (London: Fourth Estate, 2018)

John, Emma, 'GB women win historic hockey gold', *Guardian,* 19 August 2016

Jones, Luke A. *et al,* 'Click trains and the rate of information processing: Does "speeding up" subjective time make other psychological processes faster?', *Quarterly Journal of Experimental Psychology,* 64 (2011)

Kahneman, Daniel, *Thinking, Fast and Slow* (London: Penguin, 2012)

Kenney, Patrick J. *et al.,* 'The Psychology of Political Momentum', *Political Research Quarterly,* 47 (1994)

Killingsworth, Matthew A. *et al.*, 'A Wandering Mind Is an Unhappy Mind', *Science*, 330 (2010)

King, L.A., 'The Health Benefits of Writing about Life Goals', *Personality and Social Psychology Bulletin*, 27 (2001)

Kivimäki, Mika *et al.*, 'Long working hours and risk of coronary heart disease and stroke: a systematic review and meta-analysis of published and unpublished data for 603,838 individuals', *The Lancet*, 386, 31 October 2015

Klein, Stefan, *Time: A User's Guide* (London: Penguin, 2008)

Kruglanski, Arie W. *et al*, 'Experience of Time by People on the Go: A Theory of the Locomotion–Temporality Interface', *Personality and Social Psychology Review* (2015)

Layard, Richard, *Happiness* (London: Penguin, 2005)

Levine, Robert, *A Geography of Time* (London: Oneworld, 2006)

Levine, Robert V. and Ara Norenzayan, 'The Pace of Life in 31 Countries', *Journal of Cross-cultural Psychology*, 30, 2 (March 1999)

Mandela, Nelson, *Long Walk to Freedom* (London: Abacus, 1995)

Mark, Gloria *et al*, 'The Cost of Interrupted Work: More Speed and Stress', in *CHI '08 Proceedings of the SIGCHI Conference on Human Factors in Computing Systems* (New York: ACM, 2008)

Marquié, Jean-Claude *et al*, 'Chronic effects of shift work on cognition: findings from the VISA longitudinal study', *Occupational & Environmental Medicine*, 72 (2014)

Matlock, Teenie *et al.*, 'On the Experiential Link Between Spatial and Temporal Language', *Cognitive Science*, 29 (2005)

Milliman, Ronald E., 'The Influence of Background Music on the Behavior of Restaurant Patrons', *Journal of Consumer Research*, 13 (1986)

Mischel, Walter, *The Marshmallow Test* (London: Little Brown, 2014)

Moore, Don A. *et al.*, 'Time Pressure, Performance, and Productivity', in Volume 15, *Looking Back, Moving Forward: A Review of Group and Team-Based Research* (Bingley: Emerald Group Publishing Limited, 2012)

Mullainathan, Sendhil and Eldar Shafir, *Scarcity: Why having too little means so much* (London: Allen Lane, 2013)

Noone, Breffni M. *et al.*, 'The Effect of Perceived Control on Consumer Responses to Service Encounter Pace: A Revenue Management Perspective', *Cornell Hospitality Quarterly* (2012)

O'Brien, Edward H. *et al,* 'Time Crawls When You're Not Having Fun: Feeling Entitled Makes Dull Tasks Drag On', *Personality and Social Psychology* (2011)

Oeppen, J. *et al.,* 'Broken Limits to Life Expectancy', *Science,* 296 (2002)

Offer, Avner, *The Challenge of Affluence* (Oxford: OUP, 2006)

Panda, Satchidananda, http://www.salk.edu/news-release/more-than-3000-epigenetic-switches-control-daily-liver-cycles/

Partnoy, Frank, *Wait* (London: Profile, 2012)

Peterson, Dan, 'Music Benefits Exercise, Studies Show', *LiveScience.com,* 21 October 2009

Pink, Daniel, *Drive* (Edinburgh: Canongate, 2011)

Price, Michael, 'The risks of night work', *Monitor on Psychology,* 42 (2011)

Ramin, Cody *et al.,* 'Night shift work at specific age ranges and chronic disease risk factors' *Occupational & Environmental Medicine,* 72 (2014)

Randler, C. *et al,* 'Correlation between morningness, eveningness and final school leaving exams, *Biological Rhythm Research,* 37 (2006)

Roenneberg, Till, *Internal Time* (Cambridge: Harvard University Press, 2012)

Schöneck, Nadine M., 'Europeans' work and life – out of balance? An empirical test of assumptions from the "acceleration debate"', *Time & Society* (2015)

Seneca, *Moral Letters to Lucilius,* Letter 12

Sennett, Richard, *The Craftsman* (London: Penguin, 2009)

Spira, Jonathan B. *et al,* *The Cost of Not Paying Attention,* http://iorgforum.org/wp-content/uploads/2011/06/CostOfNotPayingAttention.BasexReport1.pdf; https://www.fastcoexist.com/1682538/stream-these-coffee-shop-sounds-to-boost-your-creativity; http://psych.cf.ac.uk/contactsandpeople/jonesdm.php

Steel, Piers, 'The Nature of Procrastination: A Meta-Analytic and Theoretical Review of Quintessential Self-Regulatory failure, *Psychological Bulletin,* 133, No.1 (2007) pp65-94

Sternberg, Robert J., 'The Theory of Successful Intelligence', *Interamerican Journal of Psychology,* 39 (2005)

Strogatz, Steven, *Sync* (London: Hachette, 2004)

Svendsen, Lars, *A Philosophy of Boredom* (London: Reaktion, 2005)

Syed, Matthew, *Black Box Thinking* (London: John Murray, 2016)

Talarico, Jennifer M. *et al*, 'Positive emotions enhance recall of peripheral details', *Cognition and Emotion,* 23 (2009)

Tate, Carson, *Work Simply* (London: Portfolio Penguin, 2015)

Tharp, Twyla, *The Creative Habit* (London: Simon & Schuster, 2007)

Thoreau, Henry David, *Walden* (London: Penguin, 2016)

Triplett, Norman, 'The Dynamogenic Factors in Pacemaking and Competition', *American Journal of Psychology,* 9 (1898)

Vanderkam, Laura, *What the Most Successful People Do Before Breakfast* (London: Portfolio Penguin, 2013)

Vida, Irena *et al*, 'The Effects of Background Music on Consumer Responses in a High-end Supermarket', *The International Review of Retail, Distribution and Consumer Research,* 17 (2007)

Wearden, J.H. *et al*, 'What speeds up the internal clock? Effects of clicks and flicker on duration judgements and reaction time', *Quarterly Journal of Experimental Psychology,* 70 (2017)

Weil, Zachary M. *et al*, 'Sleep Deprivation Attenuates Inflammatory Responses and Ischemic Cell Death', *Experimental Neurology,* 218 (2009)

Williams, Mark and Danny Penman, *Mindfulness* (London: Piatkus, 2011)

Williamson, Victoria, *You Are the Music* (London: Icon Books, 2014)

Wiseman, Richard, Pace of Life, http://www.richardwiseman.com/quirkology/pace_home.htm

Wiseman, Richard, *59 Seconds: Think a Little, Change a Lot* (London: Pan, 2009)

Wittman, Marc, 'Time Perception and Temporal Processing Levels of the Brain', *Journal of Biological and Medical Rhythm Research,* 16 (1999)

Wood, Linda, https://www.aspenideas.org/session/information-overload-can-we-still-be-productive-world-full-constant-updates

Yalch, R. *et al*, 'Effects of Store Music on Shopping Behaviour', *Journal of Consumer Marketing,* 4 (1990)

Zhong, Chen-Bo *et al.,* 'You Are How You Eat: Fast Food and Impatience', *Psychological Science,* 21 (2010)

Zimbardo, Philip and John Boyd, *The Time Paradox* (London: Rider, 2010)

后 记

下一次你上网和几十个朋友畅聊时，请停下来先想一想互联网是一个怎样的奇迹。技术为人们提供了前所未有的自由。人们可以根据自己的需要来定制生活。这些技术加持在人们身上的危险之处在于，随着人们拼命追赶时间，自身的缺陷在不经意间显露了出来。

本书邀请你去思考：如何让时间自由打破我们生活中的枷锁？

值得反思的是，自1662年英国皇家邮政重新启动以来，社会经历了巨大的转变。当时从伦敦寄出的信件需要25天才能到达欧洲的另一个城市，可怜的邮差即使在最黑暗的冬天也必须要每小时走5英里（1英里≈1.61千米）。随着生活节奏的加快，时间的压力也越来越大，正如小说家托马斯·哈代（Thomas Hardy）所感叹的那样，德伯家的苔丝（Tess of the D'Urbervilles）在一条弯曲的街道上蹒跚而行，这条街道并不是"为了匆忙行进而建的。这条街道是在当一天的时间只需要靠时针就可以划分的年代铺成的"。

从那些日子缓慢的年代开始，每一次技术的飞跃都加速了人们的行动。遗憾的是，这种连贯性给我们的生活带来了新的问题。历史学家玛格丽特·维萨（Margaret Visser）写道："感觉很匆忙……这导致人们用更多购物、消费，更多新的尝试和更多的来释放压力，或者缓解焦虑。它还使我们更辛苦、更长时间地工作，于是留给自己的时间就更少了"。

时间压力的可怕之处还在于让人和人的关系更加疏远。然而，我希望本书已经让你认识到了，你并不孤单。普遍存在的偏见和各种力量决定了你会如何感受时间。

了解它们就能发现更好地利用时间的

佩玛·丘卓(Pema Chödrön)写道："事实上，我们的日常生活中还蕴藏着巨大的空间"。此言不虚。我们每个人每天都拥有24小时的时间来工作、休息和娱乐。但第一位倡导追求快乐的哲学家伊壁鸠鲁(Epicurus)提出："我们享受的并非我们拥有的，让我们感受到人生的富足。"从伊壁鸠鲁的时代直到今天，这的确是一条亘古不变的真理。

方法。一旦认识到时间不够用的感觉与没有时间是两码事，你就会更容易发现宝贵的时间是如何被虚度的。你是否低估了其他人时间的价值？在你按下发送键之前，问问自己：这条打断他人思路的信息真的有必要发出吗？如果不发送的话会有什么影响吗？

时间管理技术可以让你在一定程度上摆脱匆忙的陷阱。但是，时间管理也需要更多精神来打理。优化生活节奏，让日常安排和行动节奏来调节你的生活。

综上，请放慢速度，加深对时间的理解，发挥时间的妙用。